GERHARD MATZIG

Einfach nur dagegen

GOLDMANN
Lesen erleben

Buch

Die Wut geht um. Die Wut auf neue Stadtviertel oder höhere Häuser, die auf neue Bahnhöfe oder neue Flughäfen, die auf Stromtrassen, Windräder, Brücken oder Straßen. Überall in Deutschland stellen sich scheinbar engagierte Bürger dem Weiterbauen an der Gesellschaft entgegen. »Wutbürger« wurde zum »Wort des Jahres«. Die Kultur des Dagegenseins hat sich längst etabliert. Fortschritt, Zukunft und Technik gelten als Feindbilder. Wirtschaft, Politik und Medien schlägt ein gewaltiges Misstrauen entgegen. Es regiert der Wille zu Protest und Revolte, zu Stillstand und Rückwärtsgewandtheit.

Gerhard Matzig porträtiert eine neobiedermeierlich gestimmte und überalterte Empört-euch-Gesellschaft, in der es in Wahrheit nicht um kritisches Bewusstsein und politische Anliegen geht – sondern um Angst, Missmut und Besitzstandsdenken. Er zeigt, wie der Egoismus und Eigensinn der Wutbürger unseren Kindern die Zukunft verbaut, und entwirft Szenarien einer neuen Moderne in Politik, Wirtschaft und Technik – für eine Welt, die uns einlädt, sie kreativ zu gestalten. Statt sie wütend zu bekämpfen.

Autor

Gerhard Matzig, geboren 1963, hat Politische Wissenschaften und Architektur in Passau und München studiert. Nach einer Tätigkeit als freier Autor wurde er 1997 Redakteur im Feuilleton der »Süddeutschen Zeitung«, seit 2009 leitet er das Ressort »SZ Wochenende«. Für seine journalistische Tätigkeit in den Bereichen Architektur und Design wurde er mit renommierten Preisen ausgezeichnet. Gerhard Matzig ist verheiratet, hat drei Kinder und lebt in München.

Gerhard Matzig

Einfach nur dagegen

Wie wir unseren Kindern
die Zukunft verbauen

GOLDMANN

Verlagsgruppe Random House FSC-DEU-0100
Das FSC®-zertifizierte Papier *München Super* für dieses Buch
liefert Arctic Paper Mochenwangen GmbH.

1. Auflage
Taschenbuchausgabe März 2013
Wilhelm Goldmann Verlag, München,
in der Verlagsgruppe Random House GmbH
Copyright © der deutschsprachigen Ausgabe 2011 by
Goldmann Verlag, München,
in der Verlagsgruppe Random House GmbH
Umschlaggestaltung: UNO Werbeagentur, München
in Anlehnung an die Gestaltung der HC-Ausgabe
JS · Herstellung: Str.
Druck und Einband: GGP Media GmbH, Pößneck
Printed in Germany
ISBN: 978-3-442-15715-0

www.goldmann-verlag.de

Für meine Kinder, für Marie, Mauritz und Leonard, denen ich vor allem eines wünsche: das Glück, eine Zukunft zu haben. Aber eigentlich sollte das kein Glück sein, sondern ein Recht.

Facebook?

»Ich bekam eines als Geschenk, aus Weißgold.«

Karl Lagerfeld, vermutlich um die 80, Modeschöpfer

Nach dem Phänomen »Facebook« befragt, sagte Lagerfeld im November 2010 in einem Interview mit dem »Luxury Channel«, dass er dieses Ding, dieses Facebook, als makelloses Produkt sehr schätze, besonders jenes aus Weißgold, das man ihm geschenkt habe. Vermutlich verwechselte Lagerfeld das Netzwerk Facebook mit einem iPod, einem Smartphone oder etwas Ähnlichem. Das Internet hält der Modeschöpfer für eine »Welle, die bald verschwinden wird«. Denn: »Vom Walkman spricht auch niemand mehr.«

Auto?

»Ich glaube an das Pferd. Das Automobil ist nur eine vorübergehende Erscheinung.«

Kaiser Wilhelm II. (1859–1941)

Inhaltsverzeichnis

1. Eine Art Vorwort

Träume, heißt es, kann man nicht vermessen, wiegen oder präzise bestimmen. Sie haben kein Gewicht oder Volumen. Das Lineal versagt, die Waage auch. Angeblich.

Dieser Traum aber hat ein Gewicht, eine Dichte, eine Größe. Er war planbar, er war machbar. Er ist Geschichte.

Hier sind ein paar Daten, die helfen, diesen ganz besonderen Traum zu beschreiben: Er umfasst 415 Kilometer, 500 000 Knoten, zwölf Pylone, 36 Masten und zehn Luftstützen. Er bedeckt 74 800 Quadratmeter und besteht aus einem Netz, dessen Maschen exakt 75 mal 75 Zentimeter groß sind. Das Netz trägt Acrylplatten, die vier Millimeter dick sind.

Einen Namen hat dieser Traum auch – und dazu einen festen Platz in den Geschichtsbüchern der Welt. Der Traum ist das »Wunder von München«, das Zeltdach der Olympischen Spiele von 1972: ein einzigartiges Bauwerk, das in aller Welt bekannt ist.

Der Antike entwuchsen der Koloss von Rhodos, die Pyramiden von Gizeh und die hängenden Gärten der Semiramis zu Babylon. Es sind einige der alten sieben Weltwunder. Man kennt auch die »Neuen sieben Weltwunder«, darunter das Taj Mahal oder die Chinesische Mauer. Und es gibt, wir sind nun fast in der Gegenwart, die weltberühmten Architekturspektakel der Moderne wie etwa das Empire State Building in New York oder die Golden Gate Bridge in San Francisco. Man kennt all diese Gebäude und Bauwerke als Kühnheiten vergangener Epochen und ferner Länder.

Sie gehören zum Fundus der Architekturgeschichte – aber sie sind noch viel mehr als das. Sie sind die Sehnsuchtsorte der Menschheit, die sich immer der Architektur bedient, wenn es darum geht, den eigenen Träumen, Hoffnungen und Utopien eine Form zu geben.

Die scheinbar schwerelose, schwebend in den Himmel aufragende Dachlandschaft des Münchner Olympiastadions birgt die vielleicht größte Utopie, die Deutschland je hatte. Nun sind wir in der Gegenwart, in unserer Zeit. Das Dach beschirmt die Hoffnungen einer ganzen Generation. Die Sehnsucht eines endlich wieder freien und friedfertigen Landes, das nach zwei verschuldeten und verlorenen Kriegen der gesamten Welt nicht nur ein Bauwerk, sondern auch ein Symbol schenken wollte. Und sich selbst wollte Deutschland einen Ort der Selbstvergewisserung schaffen. Nicht, um dem einfältigen »Wir sind wieder wer« der wirtschaftswunderlichen Jahre nach dem Zweiten Weltkrieg zu huldigen, sondern eher, um zu sagen: Wir wollen euch wieder etwas bedeuten, wir wollen uns etwas bedeuten.

Dieses »etwas« aber: Das verkörperte die Zukunft.

Das Stadion der Völker unter dem großen Dach inmitten einer bewegt modulierten, sanft sich hebenden und senkenden, nahezu wogenden Landschaft – das war ein Ort der Zukunft. Das Olympiastadion ist ein gebauter, ein Leben gewordener Traum.

Trotz des »München-Massakers« vom 5. September 1972, als um 4 Uhr 10 am Morgen palästinensische Terroristen die israelische Mannschaft überfielen und schließlich ermordeten, sind die Spiele von München nicht als blutige, sondern als »heitere Spiele« dem Weltgedächtnis eingeschrieben. Das ist im Grunde ungeheuerlich, aber schon das lässt begreifen, wie stark die Bildmächtigkeit der Olympialandschaft Münchens ist. Die Sehnsucht ist hier stärker als die Realität. Der Traum ist realer als die Wirklichkeit.

Das war einmal.

Heute, vier Jahrzehnte nach den Spielen, im Jahr 2011, würde man das Olympiastadion nicht mehr bauen. Es wäre unmöglich. Es wäre zu teuer. Es wäre zu lächerlich. Es wäre zu modern.

Würde heute jemand den Versuch unternehmen, so etwas wie den Bau der Olympialandschaft von 1972 gegen alle scheinbare Vernunft durchzusetzen, würde sich stattdessen eine Bürgerinitiative gründen, getragen von »Wutbürgern«, wie sie im Deutschland des Jahres 2011 an der Macht sind. Deren Bedenken, deren »Montags-Demos«, deren Unterschriftenlisten, vor allem aber deren Wut über alles, was ihnen nicht geheuer und im Zweifel als Produkt ökonomischer Geltungssucht sowie politischen Machtstrebens erscheint: Das alles würde dazu führen, dass vom Traum einer Gesellschaft nur der Münchner Schuttberg, auf dem das Olympiagelände damals gebaut wurde, übrig bliebe. Der Schuttberg ist ein Ort des Krieges, angefüllt mit den Scherben und Ruinen der Vergangenheit. Heute würde diese Vergangenheit über die Zukunft triumphieren.

Frei Otto, der bedeutende Ingenieur und Architekt aus Stuttgart, hat einmal erzählt, dass er, sobald es ihn nach München verschlägt, ein Taxi besteige, um sich zum Olympiastadion chauffieren zu lassen. Dort bestaunt er dann das von ihm und anderen ersonnene Bauwerk. Nicht nur, weil es so schön ist, sondern auch deshalb: weil es immer noch steht. Damals, als der Architektenwettbewerb zur Olympiaanlage entschieden wurde, den ein kleines, kaum bekanntes Büro (das von Günter Behnisch) für sich entscheiden konnte, wusste niemand, ob man die Zeltdachlandschaft würde bauen können, wie lange das dauern würde, wie haltbar das Ganze wäre und wie viel es schließlich kosten würde. Anders gesagt: Alle Fragen waren offen. Man hat trotzdem gebaut in der Vergangenheit.

In der Gegenwart Deutschlands protestierten dagegen ein paar Bauern und Wiesenbesitzer in Garmisch-Partenkirchen sehr erfolgreich gegen die erneute Bewerbung um die Olympischen Winterspiele 2018, die auch in München und in den bayerischen Bergen hätten stattfinden können. Die Wiesen auf den Skihängen wollten sie dafür nicht zur Verfügung stellen. Als sich am 6. Juli 2011 das Olympische Komitee mit großer Mehrheit für die Konkurrenzbewerbung, also für die südkoreanische Stadt Pyeongchang entschied, brachten die Fernsehnachrichten Bilder trauriger Münchner und der enttäuschten Menschen im bayerischen Oberland. Die lachenden Gegner der Bewerbung – mindestens ein Viertel der deutschen Bevölkerung hatte sich bis zuletzt gegen ein deutsches Olympia 2018 ausgesprochen – waren nicht zu sehen. Es gab und gibt sie aber. Jene Garmischer Bauern dürften zu Symbolfiguren der Niederlage geworden sein, die viele als Sieg feiern.

Die komplexen Gründe für die Entscheidung gegen München sind hier nicht so wichtig. Unter vielen Aspekten mag die große, eindeutige Begeisterung Südkoreas, das sich bereits zum dritten Mal beworben hatte, im Vergleich zur mauen Stimmung in Deutschland eine Nebenrolle gespielt haben. Entscheidend waren andere Motive. Wichtig ist, aus welchem Geist heraus sich München bewarb. Und wie sich Deutschland damit fühlte und fühlt.

2018: Das wären Spiele in München gewesen, zum zweiten Mal nach 1972. Doch dieses Mal waren im Gegensatz zum 72er-Experiment alle Fragen beantwortet. Man brauchte weniger Entschlossenheit, weniger Tatkraft und weniger Visionen als 1972. Führte das aber dazu, dass sich Deutschland auf diese Spiele eher noch mehr freute als damals? Dass es diese Spiele umso entschlossener austragen wollte? Dass es sich der Welt abermals empfehlen mochte, dass es abermals ein Ort der Begegnung, der Selbstvergegenwärtigung und vielleicht sogar der Zukunft hätte sein wollen? Indem es etwa die ökologischsten Spiele aller Zeiten angestrebt hätte? Oder die freiesten? Die schönsten?

Mitnichten.

Deutschland stand und steht dieser Bewerbung zwar mehrheitlich knapp positiv, insgesamt aber ohne große Freude, ohne Elan und ohne Verlangen gegenüber. Es war eine müde Bewerbung mit etwas Gegenwind und viel Flaute. In Garmisch-Partenkirchen musste es sogar einen Bürgerentscheid geben, mit denkbar knappem Ausgang zugunsten der Spiele. Das Land spielte nicht mit. Vor allem in Garmisch-Partenkirchen und München war das zu spüren. Schon seit längerer Zeit. Auch ohne die Enttäuschung vom 6. Juli 2011: Deutschland fühlt sich seit einigen Jahren wie auf einer Party, die man möglichst früh wieder verlassen möchte, weil man ohnehin nicht so genau weiß, warum man sie besucht. Es ist ein graues Land. Nicht einmal die Entscheidung gegen die deutsche Bewerbung führte, trotz der vielen traurigen Gesichter im Fernsehen, zu einem Stimmungsumschwung im Nachhinein. Vielleicht nicht nur deshalb, weil Deutschland ein so guter Verlierer ist, sondern auch deshalb, weil es gar nicht erst gewinnen wollte. Sollen doch die anderen Spiele austragen. Wir werden ja von unserer Wut, unserem Protest, unserem Verdruss beseelt – darauf fokussieren wir unsere

Kräfte, daraus schöpfen wir unsere (negative) Energie.

Deutschland 2011: das ist ein Land, das sich entweder aggressiv oder depressiv anfühlt: Ob sich die Wut nun gegen Olympia 2018, das Bahnprojekt Stuttgart 21 richtet oder gegen die Teuerungen der Elbphilharmonie in Hamburg; ob sich die Wut gegen den Ausbau von Straßen, Flughäfen, Tunnels, S-Bahnen oder gegen die Errichtung von Wasserkraftwerken, Solarstromanlagen oder Windrädern richtet: Fast überall in Deutschland herrscht Verdrossenheit. Manchmal geht es gegen »die da oben«, ohne dass man wüsste, wo genau oben und unten sind; manchmal geht es gegen »die Industrie«, ohne dass man wüsste, wer oder was das genau sein könnte; manchmal geht es gegen das Internet, gegen die Globalisierung, gegen die Überfremdung unseres Landes oder gegen die Beschleunigung unseres Lebens.

Und manchmal ist in Deutschland, in diesem satten, alten und verdrossenen Land, ein solcher Hass auf die Zukunft zu spüren, dass man meint, ihn mit Händen greifen zu können. Ein Hass ist das, der lähmt und der müde macht. Deutschland ist heute ein Ort der Angst, nicht der Zukunftslust, ein Ort der Nörgelei, nicht der Zuversicht. Ein Ort, an dem sich auf ebenso paradoxe wie erschreckende Weise ein selbstgerechtes Gefühl moralischer Überlegenheit mit einer ausgeprägten nationalen wie individuellen Egozentrik in Denken und Handeln paart.

Dieses Buch ist eine Erinnerung an die Zukunft – und steht für die Hoffnung auf eine neue Moderne, auf einen neuen Utopismus. Vielleicht sogar für ein Land, das sich einmal mehr erfindet.

Die einst so kühne Dachlandschaft in München liegt mehr als 9000 Kilometer entfernt von den im Frühjahr 2011 zerstörten Reaktoren in Fukushima. Zwischen der deutschen Euphorie von einst und dem japanischen Atomunglück von heute liegen aber nicht nur Kilometer, sondern auch vier Jahrzehnte, in denen viele Hoffnungen einer technikbegeisterten Nachkriegsära enttäuscht worden sind.

Die Welt heute ist nicht mehr die Welt von 1972. Die TV-Serien heißen nicht mehr »Daktari« oder »Flipper«, die angesagtesten Getränke nicht mehr »Afri-Cola« – und Pril-Blumen gibt es nur noch als ironisch gemeinte Retromode. Die Autos tragen nicht mehr die Namen der deutschen Italiensehnsucht, sie heißen nicht mehr »Capri« oder »Ascona«, sondern »E-Mini« oder »Twingo eco«. Verschwunden sind die Plateausohlen, die Schlaghosen, Abba und die Happenings. Und auch wenn viele dieser Phänomene wie lebende Untote dazu verdammt sind, immer wieder bemüht und zitiert zu werden: Für die Aufbruchsstimmung und Fortschrittsbegeisterung jener Zeit gilt das nicht. Diese sind definitiv begraben. Vergessen.

Hunderte von Umweltkrisen haben sich in den letzten Jahrzehnten ereignet, die »Grenzen des Wachstums« wurden erreicht. Es ist die Zeit des Umdenkens und der Beginn einer neuen Ära. Dieses Buch ist ein Porträt unserer Zeit und der Versuch einer Bilanz. Es bilanziert eine erstaunliche Epoche der Abkehr von der Moderne, einer Abkehr, die nicht die Chancen der Zukunft, sondern nur die Gefahren der Gegenwart sehen möchte. Seit mindestens einem Jahrzehnt wird hierzulande die Moderne mit Wonne zu Grabe getragen, die Ressentiments gegen alles Zukünftige häufen sich auf den unterschiedlichsten Feldern der Gesellschaft. Es ist eine Glaubens-, Sinn- und Wertekrise, die in dem Supergau von Fukushima einen so gespenstischen wie glaubhaften Höhepunkt erfährt: Die Atomkraft, einst die Zukunftstechnologie schlechthin, erweist sich nach Tschernobyl zum zweiten Mal innerhalb von nur einem Vierteljahrhundert als unbeherrschbar und nicht zukunftsfähig.

Nach Fukushima könnte man mehr denn je versucht sein, sich endgültig abzuwenden von all den scheinbar so haltlosen Versprechungen der Zukunft, von der Technik, von Ökonomie und Politik. Man könnte nun sein Heil suchen in einem neuen Biedermeier, im Abbremsen und Festhalten an der vertrauten Welt des Heute oder gar des Gestern – nach so vielen Jahren der Raserei in ein ungewisses Morgen.

Nichts wäre fataler als das.

Fukushima mag der Ausdruck einer veränderten Lage sein, aber die Probleme sind die gleichen. Das Neobiedermeier ist keine Antwort, keine Lösung. Im Gegenteil.

Wer diese Ära des Wendepunkts gestalten möchte, wer die gewaltigen Probleme der Gegenwart und der Zukunft lösen will, weil nichts Geringeres als das schiere Überleben der Gattung Mensch und womöglich unseres Planeten auf dem Spiel steht, der braucht mehr als Protest, Bedenken und Hysterie; der braucht mehr als Aggression und Depression; mehr als Wut braucht er vor allem. Er braucht Hoffnung, Zuversicht und die Bereitschaft zum Wagnis, zum Risiko. Und er braucht Mut: Den Mut, die Zukunft zu gestalten, statt sie zu verweigern. Er braucht vielleicht nicht die Pril-Blumen und architektonisch gewagte Netzkonstruktionen. Aber etwas von jenem Geist der siebziger Jahre des vergangenen Jahrhunderts, der uns mittlerweile so altmodisch vorkommt, braucht er gewiss.

Wir brauchen Begeisterung und Euphorie. Wir benötigen Innovation, Erfindungsreichtum, Phantasie und ein Selbstbewusstsein, das sich unterscheidet von der erbärmlichen, moralinsauren Polit-Eigenbrötelei, die epidemisch um sich greift und den Wutbürger gebiert, jenes neuartige politische Un-Wesen, das unter dem Deckmantel gesellschaftlichen Engagements nach dem Sankt-Florians-Prinzip jegliche gemeinschaftlich begründeten Eingriffe und Veränderungen in seinem direkten Umfeld und in seiner Lebenswelt kategorisch ablehnt. Wir dürsten aber nicht nach Protest aus Eigennutz, sondern nach Ideen und Einfällen. Nach Lösungen. Einfach nur dagegen zu sein, gegen Olympia, Technologie, Infrastruktur, gegen Bahnhöfe und Windräder und Schulreformen, gegen Zukunftsmodelle und die Sehnsucht nach Erneuerung – einfach nur dagegen zu sein, das ist einfach viel zu einfach in einer überalterten Gesellschaft. Das heißt, die Probleme der Zukunft den Nachgeborenen zu überlassen, während sich eine depressiv verstimmte, ängstliche Gesellschaft voller Empörungsrituale von den Lösungen der Zukunft abwendet, um sich in Nostalgie und Innerlichkeit zu flüchten.

»Alte Männer«, sagte George Bernard Shaw, der die alten Frauen wohl mitbedacht hat und 1950 als bald hundertjähriger, dafür sehr hellsichtiger Mann gestorben ist, »sind gefährlich. Ihnen ist die Zukunft egal.«

Die Gefahren einer immer senileren Protestgesellschaft, die schon aus Bequemlichkeit dazu neigt, mit den alten Verhältnissen auch die alten Besitzstände zu wahren, liegen nicht in der Zukunft, sondern darin, die Zukunft zu verneinen.

Dieses Buch ist auch das Ergebnis einer langen Reise. Als Reporter und Kritiker war ich für die »Süddeutsche Zeitung« über Jahre hin immer wieder dort, wo die Wutgesellschaft ihre Wurzeln hat: beim Protest in Stuttgart, bei Versammlungen in München, im Berliner Reichstag, wo sich die aktuelle Moderne-Aversion schon vor zwanzig Jahren rund um die Kuppel-Debatte andeutete. Ich war in Dresden, um Menschen zu treffen, die sich den Baggern an der Elbe in den Weg stellten. Ich war in Braunschweig, wo man in einem rekonstruierten Schloss, das eigentlich ein Kaufhaus ist, Büstenhalter im Dreierpack verkauft – und dies dann für eine intelligente städtebauliche Antwort auf die architektonischen Sünden des 20. Jahrhunderts hält. Und ich war in Garmisch, wo mir Bauern, die gegen die Olympiabewerbung 2018 protestierten, mit der Mistgabel in der Hand versicherten, sie würden es »denen da oben« noch so richtig zeigen.

Ich habe in diesen Jahren viele Menschen getroffen, die mir von der Wut erzählt haben, die sie erfüllt. Oft auch von den Ängsten, die dahinterstecken. Gewiss: Man kann diese Menschen und ihre Anliegen kaum vergleichen. Und manche glauben auch, dass man ihnen nach Fukushima besser gar nicht mehr widersprechen sollte.

Ich glaube das nicht. Man kann vergleichen, um herauszufinden, was in der Mitte der Gesellschaft passiert. Indem man Äpfel und Birnen vergleicht, findet man heraus, was sie unterscheidet. Aber auch, was sie gemeinsam haben. Und man kann auch der grassierenden Wut widersprechen. Vielleicht muss man das sogar tun.

Ich, der Ende der siebziger Jahre als 16-Jähriger in einer zu Recht vergessenen Band namens »Unkraut« in Jugendzentren und auf wahrlich bizarren, aber auch großartig hoffnungsvollen Open-Air-Festivals in der deutschen Provinz gegen Atomkraftwerke angespielt habe, mit der Gitarre und exakt vier Akkorden sowie mit dem Atomkraft-nein-danke!-Button am lila Batik-T-Shirt, ich rechne mich zur Basis der grünen Bewegung. Das Abschalten der Reaktoren halte ich für völlig richtig, für zukunftsweisend. Aber das bedeutet nicht, dass es mich nicht gleichwohl befremdet, ja erschreckt, wie Andersdenkende derzeit desavouiert, wenn nicht gar niedergebrüllt werden. Zum Beispiel dann, wenn sie versuchen, die schrecklichen Bilder aus Fukushima abzuwägen. Wenn sie trotz der Todesopfer und der zerstörten menschlichen Existenzen, trotz all der verseuchten Quadratkilometer, wenn sie angesichts des schieren Horrors also gleichwohl versuchen, die Macht der realen Bilder abzuwägen gegen die Überlegung, was der Atomausstieg für den Klimawandel bedeuten könnte. Wenn sie also nüchtern darüber nachdenken, ob durch den mutmaßlichen Anstieg des Meeresspiegels sowie durch die Ausweitung der Wüsten nicht noch viel mehr Menschen Schaden nehmen könnten, weil sie ihre Heimat verlieren, tropischen Wirbelstürmen zum Opfer fallen, Flutkatastrophen und Ernteausfälle erleben könnten. Wenn sie das aber tun, dann schlägt ihnen nicht selten der blanke Hass entgegen. Wer regelmäßig die User-Kommentare im Netz zu derartigen Überlegungen, Blogs oder Leitartikeln liest, der weiß, wovon die Rede ist.

Ein Hass ist das, der sich einer manchmal schon fast grölenden Mehrheit sicher sein kann. Es ist, als habe das Wort »alternativlos« vor kurzem die Seiten gewechselt.

Auch über Alternativen zu dem hurtig verkündeten und ungeniert populistisch motivierten Atomausstieg hätte man nachdenken können, vielleicht sogar müssen. In Deutschland haben die Grünen stattdessen allen Ernstes monatelang darüber diskutiert, ob man einem Atomausstieg auch dann zustimmen darf, wenn er von der falschen Partei verkündet wird. Echtes gesellschaftliches Verantwortungsbewusstsein sieht anders aus.

Die Wut hält uns auf. Die Wut wird die Probleme, denen sie zu Leibe rücken möchte, erst eskalieren lassen. Die Wut schafft eine neue Gesellschaft des Nichtzuhörens, der Trillerpfeifen und der Intoleranz. Der Bauleiter von Stuttgart 21 fühlte sich bedroht, ein Polizist wurde vor dem Bauzaun halb totgeprügelt. Die Wut lebt von irrationalen Ängsten. Die Wut will, dass wir ins 19. Jahrhundert flüchten, statt in die Zukunft aufzubrechen. Deshalb kann man, deshalb muss man der Wut widersprechen. Ich glaube, dass wir vor Herausforderungen stehen, die nur mit einem neuen Mut bewältigt werden können. Der Fortschrittsglaube des 20. Jahrhunderts mag erst jene Probleme hervorgerufen haben, vor denen die nächsten Generationen stehen. Die rückwärtsgewandte Fortschrittsfeindlichkeit unserer Zeit wird uns aber daran hindern, diese Probleme zu lösen.

Eines haben wir jedenfalls nicht: viel Zeit.

2. Die große Wut

Deutschland: ein Oberjammergau der Welt. Nirgendwo sonst wird so viel beklagt, benörgelt und bejammert. Man muss, wenn man uns nur ein wenig zuhört in der Welt draußen, das Gefühl haben, dies Land sei ein Staat am Abgrund. Völlig verschuldet. International isoliert. Vom Zerfall seiner Sozialsysteme bedroht. Ungeschützt, weil nicht verteidigungsfähig. Zersetzt von marodierenden Banden jugendlicher Schwerstkrimineller. Geplagt von Bakterien, Viren und Skandalen. Voller Schulen, in denen man nicht das Geringste lernen kann. Aber vielleicht werden zum Glück auch schon bald die meisten öffentlichen Schulen geschlossen, um Privatschulen Platz zu machen. Dort werden dann Kinder herangebildet, die als Hochqualifizierte ins Ausland abwandern, was zusammen mit der niedrigsten deutschen Geburtenrate seit Menschengedenken dazu führt, dass dieses Land bald ausstirbt. Es sei denn, wir überlassen es den jungen Türken, aber dann muss Berlin endgültig istanbulisiert werden, was auch niemand will. Obwohl wir uns dann vielleicht besser an die deutschen Straßen gewöhnen könnten, die so viele Schlaglöcher und Schäden aufweisen, dass man sie eigentlich nur mit Jeeps befahren kann.

Verletzen sollte man sich auf diesen Straßen jedenfalls nicht, denn das deutsche Gesundheitssystem ist auch auf den Hund gekommen und pfeift schon aus der letzten Bettpfanne. So wie die Parteien, die allesamt korrupt sind. Und dann noch diese Schere, die das Land zerschneidet: hier die Ultrareichen, die ihr Geld kofferweise ins Ausland bringen, dort die Ärmsten der Armen. In Deutschland würde ein Bürgerkrieg toben, hätte man nicht viel zu viel damit zu tun, die Einführung von Energiesparlampen zu debattieren und Bürgerinitiativen zur Rettung der Glühbirne zu organisieren.

Deutschland: ein einziges Elend. Dem Untergang geweiht. Und dazu immer dieser Nieselregen.

Sehr oft ist hierzulande zu hören: »Denk ich an Deutschland in der Nacht, / Dann bin ich um den Schlaf gebracht«. Das sind, wie jeder weiß, die ersten zwei Zeilen aus Heinrich Heines Gedicht »Nachtgedanken«. Was leider nicht jeder weiß: wie das Gedicht weitergeht. Das ist schade, denn sonst wüssten auch jene, die mit Heines Hilfe Trauerarbeit leisten, dass Heine in den »Nachtgedanken« vor allem sein Deutschland-Heimweh von Frankreich aus beschrieben hat. Um den Schlaf gebracht ist der Poet nicht aus Sorge *um*, sondern aus Sehnsucht *nach* diesem Land.

Egal. Im Durchschnitt, so eine Studie des Marktforschungsinstituts GfK, haben die Deutschen zeitgleich 3,7 Probleme. Die Franzosen 2,6 und die nahezu sorgenfreien Schweden haben höchstens ein Problem. Deutschland ist europäischer Sorgenmeister. Aus der

Glücksforschung weiß man, dass Menschen meist umso unglücklicher sind, je mehr sie zu verlieren haben. Umgekehrt sind oft jene Völker relativ glücklich, die wenig besitzen. Deutschland, dieses Land der Superreichen, ist ein Land, in dem sich schon die Bezieher mittlerer Einkommen, die sich im internationalen Vergleich als unendlich reich fühlen könnten, vor allem um Verluste sorgen. Deutschland ist ein Land voller Verlustangst und somit auch eines der steten Besitzstandssicherung. Jede Nachricht, die uns unseren Wohlstand als gefährdet erscheinen lässt, ist daher willkommen.

Völlig zu Recht natürlich. Zum Beispiel ist in Deutschland ja auch die Kinderarmut alarmierend. Jedes sechste deutsche Kind, hieß es im letzten Bundestagswahlkampf, lebe in bitterer Armut. Schlimmer sei die Situation nur in wenigen Ländern, zum Beispiel in Mexiko und der Türkei. Es war ein Schock. Es gab Debatten. Nun, zweieinhalb Jahre später, hat sich herausgestellt: Die von der OECD, der Organisation für wirtschaftliche Zusammenarbeit und Entwicklung, in Umlauf gebrachten Zahlen sind schlicht falsch. »Datenmüll«, wie es in der »ZEIT« hieß: »Deutschland rangiert bei der Bekämpfung der Kinderarmut im internationalen Vergleich tatsächlich nicht ganz hinten, sondern weit vorne.«

Ob sich auch die Pisa-Studie noch als Irrtum herausstellen wird? Haben sich dann einige Schüler, Eltern oder Lehrer womöglich umsonst ruiniert oder gar umgebracht? Man weiß es nicht. Aber auch egal: Wir klagen in jedem Fall. Einmal gegen den Stress in der Schule, dann auch gegen die Tatsache, dass wir bald von chinesischen Musterschülern auf dem Weltmarkt überholt werden wie der VW Lupo von einem chinesischen Superauto.

So oder so: Uns geht es richtig dreckig. In Deutschland zu leben, das ist ein Schicksal, das man keinem anderen wünschen würde, weshalb wir die Grenzen am besten endgültig schließen sollten. Schon im Interesse jener Flüchtlinge des arabischen Frühlings, die irritierenderweise gerne hier leben würden, aber vermutlich gar nicht begriffen haben, wie schlimm es um Deutschland eigentlich steht. Dumm vielleicht nur, dass die Zahl der Arbeitslosen hierzulande noch vor kurzer Zeit angesichts der weltweiten Finanzbeben auf grausige fünf Millionen hätte steigen müssen. Den Prognosen nach.

Nun, im Jahr 2011, haben wir um die drei Millionen. Die Arbeitslosigkeit ist angesichts der ökonomischen Krisen, die Deutschland wie jedes andere Land heimgesucht haben, extrem niedrig. Eigentlich: überraschend niedrig. In Wahrheit ist die Bundesrepublik, die einem den Schlaf raubt, bislang schneller aus der Krise gekommen als die meisten Industriestaaten.

Deutschland ist reich und gesund. Ein »kerngesundes Land« – wie Heine in seinen »Nachtgedanken« schreibt. Wer hier lebt, dürfte sich zu den sorgenlosesten Menschen der Erde rechnen. Stattdessen: Gejammer, Zorn und Wut, wohin man blickt. Und Schlaflosigkeit dazu.

Ein ganzes Buchsegment lebt prächtig davon. Die Bücher zur Klage der Nation, die sich hervorragend verkaufen, heißen: »Die Dilettanten – wie unfähig unsere Politiker wirklich sind«. Oder: »Die Stümper«. Oder: »Die Profitgeier«. Oder: »Die verblödete Republik«. Oder: »Euroland: Wo unser Geld verbrennt. Wer an dem Schlamassel schuld ist und warum wir immer zahlen müssen«. Oder: »Deutsche Opfer, fremde Täter«. Oder: »Meinungsmache: Wie Wirtschaft, Politik und Medien uns das Denken abgewöhnen wollen«. Oder: »Deutschland schafft sich ab«. Letzteres ist das meistverkaufte Sachbuch seit 1945. All diese Bücher könnte man als deutsche Erfolgsgeschichte bezeichnen, wenn sie nicht vornehmlich davon berichten würden, dass es in Deutschland nun mal keine Erfolgsgeschichten gibt.

Folgt man diesen Titeln, gibt es sehr viel Misserfolg in Deutschland, das sich abschafft, das verblödet und im Schlamassel steckt, und dazu gibt es jede Menge Ungerechtigkeit und Unverschämtheit. So wird verständlich, warum sie hier wunderbar gedeiht, die große Wut. Deutschland bietet den idealen Nährboden dafür, denn es ist selbstgerecht, egozentrisch und furchtbar verwöhnt.

Kein Wunder, dass der »Wutbürger« unsere Zeit wie nichts sonst prägt – zusammen mit den Wutmenschen, den Wut-Bürgerinitiativen, den Anti-Wut-Tipps und anderen Wut-Phänomenen.

Protest und Einwand, Bedenken und Revolte, Wut und Ärger, eine Initiative gegen dieses und auch eine gegen jenes: Das ist das Deutschland des Jahres 2011. Und niemand bringt vielleicht dieses allgegenwärtige Dagegensein so hübsch auf den Punkt wie die deutsche Sängerin Annett Louisan in dem Refrain ihres Songs »Ich bin dagegen«: »Ich weiß zwar nicht so ganz genau weswegen / aber ich bin dagegen / total dagegen / Ich bin dagegen.« Und an anderer Stelle heißt es: »Ich bin hier neu komm grad erst durch die Tür / Was soll das heißen wieso seid ihr dafür? / Sah nie den Film hab das Buch auch nicht gelesen / Ich war nicht da bin nie vor Ort gewesen / Bin nicht betroffen es geht mich auch nichts an / Aber wie kann das sein dass so was angehen kann?«

Das große Dagegensein boomt in einem Land, in dem die großen Revolutionen der zurückliegenden Jahrhunderte einst lachhaft mickrig ausfielen. Lenin wird deshalb dieser Satz zugeschrieben: »Revolution in Deutschland? Das wird nie etwas. Wenn diese Deutschen einen Bahnhof stürmen wollen, kaufen die sich noch eine Bahnsteigkarte!« Das ist vorbei. Die Revolte gegen Stuttgart 21 zeigt, dass wir durchaus in der Lage sind, einen Bahnhof zu stürmen. Sogar einen, den es noch gar nicht gibt. Es ist, als würden die Deutschen spät, dafür umso beherzter entdecken, dass auch sie zum Widerstand berufen sind.

Und Stuttgart 21 ist beileibe kein Einzelfall. Es gibt auch eine Wut-Initiative gegen ein Steinkohlekraftwerk in Arneburg. Eine gegen die Bundesfernstraße

Olpe-Hattenbach. Und eine gegen die Biogasanlage bei Zickhusen.

Ein prominentes Beispiel ist auch die Waldschlösschenbrücke im Dresdner Elbtal, die zwar mittlerweile (und nach jahrelangem Streit) gebaut wurde – allerdings gegen den entschiedenen Willen einer lautstarken Bürgerwehr. Das ist schon deshalb erstaunlich, weil es zuvor eine Abstimmung in Dresden gegeben hatte. Mit eindeutigem Votum für die Brücke. Ein Kennzeichen für den zunehmenden Bürgerunwillen ist offenbar, dass ein einmal demokratisch formulierter Bürgerwille jederzeit wieder in Frage gestellt wird, sobald er nicht mit den eigenen Überzeugungen konform ist. Man will sich nicht abfinden mit einem Konsens, der schon erzielt wurde – und sucht den Dissens.

In Dresden trat allerdings auch die Unesco auf den Plan, die der Stadt wegen der Brücke den Weltkulturerbe-Status entzog. Das gab dem Streit neue Nahrung.

Dabei kann man sich im Grunde nur wundern über die Brückengegner. Für sie ist eine Brücke schon an sich ein Bauwerk des Teufels, eine scheußliche Konstruktion, die alle Naturschönheit dahinrafft. Das Elbtal, so die Argumentation, würde wegen der Brücke seine sanfte Schönheit einbüßen. Wer das Elbtal aber kennt, der weiß, dass der grandiose Blick auf Dresden schon immer auch ein Blick auf die schönen alten Brücken war, die einst August der Starke anlegen ließ. Die Augustusbrücke trägt heute noch seinen Namen und gehört zu den charaktervollen Bauwerken, mit denen sich Dresden brüstet. Dort, wo nun die Waldschlösschenbrücke entstand, war schon vor einem Jahrhundert eine Brücke geplant. Es gehört nicht viel Phantasie dazu, sich vorzustellen, dass die Brückengegner heute, wäre die Brücke im 19. Jahrhundert realisiert worden, begeisterte Brückendenkmalschützer wären.

Tatsächlich spricht gar nichts gegen Brücken. Ihre Erfindung steht am Anfang der Zivilisation und der Urbanität, und sie dienen seit jeher in der Mythologie dazu, das Diesseits mit dem Jenseits zu verbinden. Die kulturelle Bedeutung von Brücken hört man noch heute aus der Sprache heraus. Man baut beispielsweise jemandem eine Brücke – oder reißt sie ab. Und es gibt großartige, höchst kunstvolle Brücken aus allen Zeiten und in vielen Variationen, es gibt Bogenbrücken, Hängebrücken, Auslegerbrücken oder Schrägseilbrücken. Für all diese Brückenbaukonstruktionen gilt, wenn sie wahrhaft glücken, ein Satz von Oscar Wilde: »Der Linienzug der Kraft und der Schönheit ist der gleiche.« In keinem anderen Bauwerk vermag sich der Glanz statischer Kraftanstrengung und kultivierter Überwindung des Naturzustands so sinnlich mitzuteilen wie im Bauwerk Brücke. Manchmal leben Städte geradezu von der Schönheit ihrer Brücken, man denke an die Golden Gate Bridge, die San Francisco berühmt gemacht hat, an Venedig, an die steinerne Brücke in Regensburg oder die Karlsbrücke in Prag.

Auch die Neuzeit hat große Brückenbaukunst hervorgebracht. Wer schon einmal den Viaduc de Millau in Südfrankreich besucht hat, Norman Fosters »Eiffelturm des Südens«, die vor einigen Jahren eingeweihte höchste Brücke der Welt, welche die Grenzen der Schwerkraft neu zu bestimmen scheint, der weiß um die paradoxe Möglichkeit, erst durch die Stemmkraft der Brücke die Landschaft darunter zu erheben. Wer auch die winzige Brücke aus begehbarem Pappkarton des japanischen Architekten Shigeru Ban kennt, die ebenfalls in Südfrankreich eröffnet wurde, der weiß auch, dass Brücken nicht vom Maßstab oder von den Superlativen leben. Auch in Dresden hätte man sich in dieser Hinsicht eines Grundpfeilers der Brückenbaukunst entsinnen können: »Mache nichts Unnützes, das Nützliche aber mache schön.«

Schön ist die Brücke, die in Dresden nun nach Jahren des Streits entstanden ist (seit Dezember 2010 ist sie eröffnet), wahrlich nicht. Das hat aber auch damit zu tun, dass den Dresdnern der Mut zur Brücke gefehlt hat. Die Brücke, die schließlich gebaut wurde, ist ein schäbiger Kompromiss. Sie besitzt keine Größe, sondern wirkt so, als wolle sie sich verstecken. Dresden hat somit beides verloren: die Unberührtheit des Elbtals – und die Chance auf ein grandioses Brückenkunstwerk für das 21. Jahrhundert. Das ständige Lavieren der Politik zwischen Brückengegnern und Brückenfreunden hat daran einen großen Anteil. Die Brücke ist ein Mahnmal dafür, dass man große Bauwerke nur dann erhält, wenn dahinter auch die gesamte Energie der Gemeinschaft steht.

Besonders evident zeigt sich der universale Ablehnungsreflex bei städtebaulichen Maßnahmen und modernen Architekturprojekten; sie sind die Hassobjekte par excellence für das deutsche Wutbürgertum, und das ganz besonders immer dann, wenn sich die Architektur um eine zeitgenössische Formensprache bemüht. Betrieben wird eine Art Adlonisierung unseres Landes: Das »Hotel Adlon« am Pariser Platz in Berlin hat schon vor Jahren die Richtung gewiesen: Neue Häuser werden so gebaut, dass sie wie alte Häuser aussehen. Kein Wunder, dass das geplante Remake des Berliner Stadtschlosses zu den derzeit ambitioniertesten Projekten in Deutschland zählt. Neue Architektur dagegen gilt meist als verfehlt.

Diese Geisteshaltung zeigt sich in einer besonders grotesken Variante in Bonn. Auch die ehemalige Bundeshauptstadt hat offenbar ihr Stuttgart-21-Phänomen. Es geht allerdings nicht um einen Bahnhof, sondern um ein Konzerthaus, um die »Beethovenhalle«. Seit 1959 liegt diese Halle, geplant als Mehrzweckbau mit Nierentisch-Ambiente, am Rhein. Es ist ein bescheidener Bau. Hier wurden drei Bundespräsidenten ins Amt gewählt, Kaninchenzüchter laden zu Leistungsschauen ein, es gibt Karnevalssitzungen und Konzerte.

Leider ist die Bühnentechnik anfällig, die Klimaanlage funktioniert nicht immer – und über die Akustik hat sich der chinesische Pianist Lang Lang nach einem Auftritt so geäußert: »Reißt dieses Ding ab!«

Das hatte man auch vor in Bonn, denn einige ortsansässige Konzerne, Deutsche Post, Deutsche Telekom und Postbank, wollten der Stadt ein neues »Festspielhaus Beethoven« schenken. Vier Entwürfe prominenter Architekten, darunter die Londoner Architektin und Pritzkerpreisträgerin Zaha Hadid, wurden im Januar 2009 vorgestellt. So weit, so schön. Bonn, eine Stadt, die unter dem Wegzug der Staatsmacht leidet wie an einem Phantomschmerz, würde endlich wieder einmal in die Zukunft schauen, statt der Vergangenheit und der einstigen Bedeutung nachzutrauern. Jedoch: Alle vier Entwürfe sehen vor, dass die alte Halle abgerissen wird. Und daran entzündete sich ein bis dahin undenkbarer Protest.

Plötzlich war die Rede vom »Größenwahn« und einem »undemokratischen Verfahren«; angeprangert wurde eine vermeintliche Spektakel-Architektur, welche es nicht aufnehmen könne mit dem offenbar identitätsstiftenden 50er-Jahre-Buckelbau am Fluss. »Die alte Halle«, sagt Hans Hinterkeuser, »ist ein Juwel.« Sie symbolisiert jene Zeit, als Deutschland noch bescheiden auftrat. Hans Hinterkeuser hat den Verein »ProBeethovenhalle« gegründet, der auch von Walter Scheel unterstützt wird. In Erinnerung an »Momente, die unvergesslich bleiben«. Scheel ist 91 Jahre alt und war der vierte Bundespräsident der Bonner Republik. Hinterkeuser ist 67 und pensionierter Lehrer. Wenn die beiden von der guten alten Zeit sprechen, die von der wenig attraktiven Halle symbolisiert werde, dann meinen sie ihre Zeit.

In Bonn agiert seither, wie der »SPIEGEL« schreibt, »eine Koalition aus Gemütsmenschen, Denkmalschützern und Heimatverbundenen«.

Das gilt auch für Köln, wo Bürgerproteste den Abriss des Kölner Schauspiels gestoppt haben. Und es gilt in Hannover, wo der Plenarsaal des niedersächsischen Landtags gerettet werden soll. Und es gilt in Tübingen, wo es die Mensa zu bewahren gilt. Deutschland hat offenbar die Bauten der fünfziger Jahre als Kulturgüter entdeckt, also genau jene Bauten, über die man vor kurzem noch oft zu hören bekam, wie hässlich sie seien – und dass das Bauen vor dem Krieg doch so viel besser gewesen sei.

Noch vor wenigen Jahren galten die Bauten der Nachkriegszeit als jene »Neuen«, die man bekämpfen müsse im Interesse des Alten. So leicht können sich Fronten und Feindbilder ändern. Mit einem Mal dient die Nachkriegsmoderne als Ausdruck jener Identität, die nur wenige Jahre zuvor geradewegs das Opfer war, niedergemacht eben durch die Nachkriegsmoderne selbst.

Das ist durchaus typisch für so manche Empörung: Die Empörten entdecken ein Argument erst dann, wenn es ihnen nützt. Was die Bauten der Nachkriegszeit angeht: Seit Jahrzehnten werben Experten und Denkmalschützer für den Erhalt einiger herausragender Bauzeugnisse. Ob die alte Bonner Beethovenhalle dazugehört: Darüber lässt sich streiten. In Bonn war sie jedenfalls nicht gerade beliebt, schon wegen ihrer funktionalen Mängel, die sich mit den Jahren immer gravierender bemerkbar gemacht haben.

Aber erst als sich die Bürger auch anderswo auf recht pauschale Weise und unter allgemeinem Beifall gegen sogenannte Star-Architektur wandten, wie überhaupt gegen das Neue in der Architektur, etwa gegen die Pläne von Norman Foster für ein saniertes Lenbachhaus in München oder gegen den Entwurf von David Chipperfield für die Berliner Museumsinsel, entdeckten auch die Bonner ihre Liebe zur Beethovenhalle. Es passt schlicht in die Zeit, »Altes« zu bewahren – auch dann, wenn nicht allen klar ist, warum das Alte besser sein sollte als das Neue.

Nicht nur sogenannte Star-Architektur ist in diesem Zusammenhang auf den Index geraten: Selbst kleinste Projekte sind mittlerweile in Gefahr, ins Visier der Bewahrer zu geraten. Besonders groß war das Halali, das zuletzt wegen der Alpenplattform »AlpspiX« veranstaltet wurde. Das ist die Garmischer Variante einer weltweiten Entwicklung, bei der es um den Versuch geht, die alpine Welt durch allerlei architektonische Eingriffe zu verhübschen – und dadurch attraktiver für Touristen zu machen. Seither entstehen überall in den Bergen Plattformen, die Besuchern auch ohne große Kletteranstrengung unvergessliche Panoramablicke oder den Blick hinab in die Tiefe einer Schlucht gestatten sollen.

Das kann man natürlich grotesk finden. Es ist aber auch nichts anderes als das, was schon immer in den

Alpen getan wurde: sie zugänglich zu machen. Die Plattformen oder stählernen Steige sind Holzbänke und Berghütten mit anderen, moderneren Mitteln. Die »AlpspiX«-Plattform, so albern der Name auch ist, ist das Konstrukt zweier gegeneinander verdrehter, x-förmig übereinander gelegter Stahlstege, die je drei Meter breit sind. Am Fuße der Alpspitze ragt dieses Gebilde 13 Meter weit frei schwebend über dem Abgrund, der eintausend Meter darunter endet. Wenn man davor steht, merkt man erst, wie klein dieses Ding ist – um das so vehement gestritten wurde. Monatelang ging der Steg durch die Medien. Man musste das Gefühl haben, in den bayerischen Alpen werde ein Teil des Gebirges abgetragen. Prominente Gegner des Vorhabens wetterten bei jeder sich bietenden Gelegenheit dagegen.

Nun, seit die Plattform errichtet wurde, hört man nichts mehr vom Protest. Denn angesichts einiger Quadratmeter Stahl in den Bergen wirkt der Protest absurd. Der Aufschrei, der sich vor der Bauphase gegen das Projekt gerichtet hat, hat sich als völlig maßstabslos erwiesen. Die stählerne Plattform greift in die Bergwelt nicht mehr ein als das Häuschen für das Personal des Liftes, das sich gleich daneben befindet. Das hat die alpinen Gutmenschen aber nicht daran gehindert, eine »Katastrophe für die Bergwelt« heraufzubeschwören. Wer einhundert Meter von dieser nun errichteten »Katastrophe« entfernt steht, tut sich allerdings schon schwer, sie als solche zu erkennen. Nicht die Plattform ist also überzogen: Der Zorn darüber hat sich als aufgeblasen erwiesen.

Kaum anders verhält sich das mit den wahrlich großen Hochhäusern, die in allen deutschen Städten verteufelt werden. Am stärksten in München, wo es vor einigen Jahren sogar einen Bürgerentscheid darüber gegeben hat, ob es an der Peripherie der Stadt Gebäude geben dürfe, die die Frauenkirche, die rund einhundert Meter hoch ist, in den Schatten stellen. Die Antwort war: nein, danke!

Woraus folgt: Die Stadt München, eine der wenigen prosperierenden Städte Deutschlands, die unter einem extremen Wohnraummangel leidet, soll auf Jahrzehnte abgeschnitten werden von der Entwicklung sämtlicher Millionenmetropolen weltweit, die allenthalben himmelwärts wachsen, um den antiökologischen Siedlungsbrei der Vorstädte zu begrenzen. Denn klar ist: Eine dichte, hochaufragende Stadt wie New York ist sehr viel ökologischer als etwa das in die Horizontale wuchernde Los Angeles. Stadtverdichtung ist ein ökologisches Gebot der Stunde. In München wurde dieses Gebot ignoriert – mit Blick auf die Höhe der Frauenkirche, die höchstens zu Weihnachten gut besucht wird.

Hier zeigt sich: In Deutschland richtet man sich ein in Stadtbildern wie in alten Kupferstichen. Es soll nichts verändert werden. Das ist absurd, denn Städte sind nichts anderes als Abbilder ihrer Zeit. Dort, wo sich Städte nicht mehr verändern, werden sie museal. Und irgendwann sterben sie.

Wie bizarr der Protest gegen städtebauliche Maßnahmen häufig ist, das zeigt nicht zuletzt überdeutlich die Initiative gegen den Abriss von »Mama's Kebap Haus« in München.

Ich lebe seit einem Vierteljahrhundert in München. Aber von »Mama's Kebap Haus« habe ich bis vor kurzem noch nie etwas gehört. Was also ist das »Mama's Kebap Haus«? Die Recherche ergibt, dass es sich hier um ein offenbar weltberühmtes Nachkriegsprovisorium im Stadtteil Schwabing handelt, um eine Baracke. Seit einigen Jahren kann man hier Döner kaufen. Das Haus hinter der Grillrostfassade ist hässlich und heruntergekommen. Staubblinde Fenster, Graffiti und die Inschrift »Hasdu Hunger gesdu Mama's«: Das ist der Fassadenschmuck. Daneben ein Kino, ein Schmuckladen, eine sogenannte Absturzkneipe namens »Schwabinger 7«, in der man sich abfüllen lassen kann, dann noch ein Nagelstudio: Das ist die Umgebung. Nun soll das »Ensemble« in der Feilitzschstraße 7, das einem Verhau eher gleicht als einem Ensemble, verkauft, abgerissen und neu erbaut werden. Auch »Mama's Kebap Haus« soll, nun ja, sterben. Es droht also nichts weniger als der Untergang eines Kulturgutes. Und wo saufen wir dann?

Eine Münchner Zeitung schreibt, dass die Wut-Initiative gegen den Abriss sei, weil man »in dem urbanen Sammelsurium ein charakteristisches Merkmal des Viertels« sehe. »Dass hier kein gesichtsloser Neubau oder feinrenovierter Altbau prangt, empfinden die

Gründer der Initiative als bewahrenswerte Rarität. Ein Eck Hässlichkeit im postkartenschönen München sozusagen. Ein Stück weltstädtischer Verhau, Graffiti inklusive.« Graffiti, ein Stück Hässlichkeit: Das alles soll abgerissen werden? Gott bewahre, wir sind dagegen. Abgelehnt.

Tausende Menschen sollen mittlerweile wutentbrannt gegen den Abriss dieses architektonischen Kleinods der Nachkriegszeit protestiert haben. Der Kabarettist Frank-Markus Barwasser, besser bekannt als Erwin Pelzig, sagte dazu: »Man sollte diese Wut ernst nehmen.« Im Windschatten der allgegenwärtigen Empörung erlebt das Kabarett, das man schon für tot hielt, gerade eine überraschende Hochkonjunktur. Es gibt kaum mehr eine Initiative, der nicht sogleich irgendein Scherzbold wortmächtig zur Seite stünde. Die Wut verbindet sich so auf logische Weise mit dem Wut-Ventil, dem Witz. Und sei er noch so abgestanden, traurig und larmoyant. Selbst Konstantin Wecker meldete sich in München zu Wort, als »geübter Empörer«, wie es im »SPIEGEL« hieß. Ihm ging es um die Erinnerung an die »wilde Schwabinger Zeit«. Die Zeit mit der jungen Uschi Obermaier. Die Zeit mit Rainer Werner Fassbinder. Vielleicht geht es auch um die Zeit des jungen Konstantin Wecker. Und vielleicht hält das geübte Empörtsein ja ebenfalls jung?

Es mag schade sein, dass Uschi und Konstantin offenbar schon lange nicht mehr die Schwabinger 7 besucht haben. Dass es das wilde Schwabing nicht mehr gibt, ist auch schade. Ob es aber wieder wild wird, wenn man als ergrauter Empörter nur wild genug seine Auflehnung äußert? Und ist Schwabing einst wild geworden, weil die erbärmliche Barackenarchitektur so ein ideales Umfeld geboten hat? War dann das wirklich wilde Schwabing vom Anfang des 20. Jahrhunderts, das hinter Jugendstilfassaden und großbürgerlicher Architektur stattfand, gar nicht wirklich wild? Oder ist es einfach so, dass aus den alten Wilden nun die neuen Spießbürger geworden sind, die ihre Sehnsüchte nach einem wie auch immer gearteten »Gestern« pflegen und jeder Veränderung wie auch jedem »Morgen« mit Protest begegnen?

In Stuttgart skandieren sie: »Oben bleiben!« Die Münchner Entsprechung wäre demnach: »Hässlich bleiben!« Andererseits wurde im »SPIEGEL« diskutiert, ob der Abriss der Schwabinger 7 womöglich ein »Symbol für den Bedeutungsverlust der Weltstadt mit Herz« sei. Das müssen schon extrem symbolarme Zeiten sein, wenn die Weltstadt schon durch den Abriss von »Mama's Kebap Haus« erschüttert werden kann.

Wo bisher Kebap und Komasaufen beheimatet waren, sollen hier in Schwabing nun Luxuswohnungen entstehen. Sicher, man könnte dagegen sein, wenn die neuen Luxuswohnenden alte Nichtluxuswohnende verdrängen würden. Das ist aber nicht der Fall. Es entstehen schlicht Wohnungen dort, wo früher keine Wohnungen, sondern eine Stadtbrache war. Das tatsächlich in München übel aufkeimende Problem der

»Gentrification«, also der Verdrängung der alteinge-
sessenen Bewohner in Stadtvierteln, die veredelt und
somit verteuert werden, ist etwas ganz anderes. Die
Schwabinger 7 ist schlicht der falsche Anlass zum Protest. Doch das wollen sie nicht wahrhaben, die Wecker,
Barwasser und all die anderen, weniger prominenten
Wutbürger, die sich selbst so gerne ernst nehmen. Dabei sind sie bloß Mode-Revoluzzer, angetrieben von einer Melange aus Langeweile und Selbstgerechtigkeit.
Sie wissen zwar nicht genau, warum und wieso sie
wogegen-jetzt-gleich-nochmal? sind – aber sie ahnen:
Protest ist »in«. Und deshalb ist es chic, empört zu
sein – es ist ein Hype, sozusagen eine Parade professi-
oneller übler Laune. Ein großes paradoxes Dafürsein:
für das Dagegensein.

Aber auch abseits des Best-Ager-Protests, abseits
der Sehnsucht nach der guten wilden Zeit: Man ist immer und überall gern dabei beim Dagegensein. In den
Zeitungen wurde deshalb auch schon mal der »Wut-
Hund« gesichtet. Oder der »Wut-Raucher«. Oder
jene »Wut-Fußballfans«, die als Ultras von Eintracht
Frankfurt nach einer 0:3-Niederlage gegen Mainz das
heimische Stadion zu Hunderten stürmten. Die Polizei musste die Spieler von Eintracht Frankfurt vor den
Fans von Eintracht Frankfurt schützen: »Wut-Spiel«
hieß es dazu in »Bild«.

Übrigens: »Wut-Schüler« wurden auch schon gesichtet in Deutschland. Es gibt zudem die Wähler-
vereinigung »Bürger in Wut«, die zuletzt bei der Bür-

gerschaftswahl in Bremen im Mai 2011 das Ergebnis der zurückliegenden Wahl um ein Fünffaches verbessern konnte. Es gibt auch einen Plakatwettbewerb, der »Mut zur Wut« heißt. Dann gibt es das Angebot eines »Wut-Workouts«, die obligatorische »Sprit-Wut«, die immer wieder mal auftauchende »Steuer-Wut«, die »Maut-Wut« (dabei steht die Einführung einer Maut für Pkws noch in weiter Ferne, aber allein der Gedanke an eine solche Maut reicht offenbar schon, um prophylaktisch den Volkszorn zu entfachen) – und die »Renten-Wut« gibt es sowieso.

»W.U.T.«: Das heißt »Wählerinitiative unabhängiger Tübinger«. In dieser Wählerinitiative zeigt man, ausweislich der Homepage, »klare Kante« und meint auch sonst: »Das Maß ist voll.«

Wer den Begriff »Protest gegen« googelt, erhält diese Angebote beliebter Protest-Varianten: P. gegen Spritpreise, P. gegen Guttenberg, P. gegen Stuttgart 21, P. gegen Windkraftanlagen, P. gegen Volkszählung. Den Protest gegen Google gibt es auch, wie die Schlagzeile »Wütender Protest gegen Googles Street View« zeigt. »Der Wutbürger buht, schreit, hasst. Er ist konservativ, wohlhabend und nicht mehr jung. Früher war er staatstragend, jetzt ist er zutiefst empört über die Politiker.« Das schreibt der Journalist Dirk Kurbjuweit in einem Essay im Oktober 2010. Er dürfte in diesem Artikel den Wutbürger als Begriff erfunden haben. Die Gesellschaft für deutsche Sprache, die Ende 2010 den »Wutbürger« zum Wort des Jahres ernannt hat, sieht das Wort als Ausdruck für die Empörung in der Bevölkerung, »dass politische Entscheidungen über ihren Kopf hinweg getroffen werden«. Das wichtigste Beispiel dafür sei das Projekt »Stuttgart 21«, also das Neubauvorhaben eines unterirdischen Bahnhofes. Der Begriff »Stuttgart 21« landete in der Konkurrenz zum Wort des Jahres auf Platz 2.

Schon vor den Massenprotesten gegen die Stuttgarter Ungeheuerlichkeit, nämlich einen neuen Bahnhof bauen zu wollen, und lange vor der Geburt des Wutbürgers sammelte sich in Deutschland in den zurückliegenden Jahren eine Mehrheit von Dagegen-Menschen, die nun eine ganze Ära dominieren. Die »Zutiefst-Empörten«, die »Konservativen«, »Wohlhabenden«, ja auch die »deutlich Älteren«, von denen Kurbjuweit schreibt, gehören einem größeren Kulturkreis an. Und da wird es interessant, weil sich diese Schicht mittlerweile auf so unterschiedlichen Terrains zu Wort meldet, zu je unterschiedlichen Fragen und aus so unterschiedlichen Motiven heraus, dass sich ihr Protest trotz seiner Heterogenität mittlerweile zu einem homogenen, machtvollen Gebilde gesteigert hat.

Und von diesem gehen nicht nur eine modische Wut, partikulare Egoismen, vorgeblich grün und nachhaltig gewandete Heuchelei sowie blinder Retrokult aus, sondern auch eine ganz reale Gefahr.

Nicht jene Gefahr allerdings, dass die Winterspiele an Pyeongchang verloren gehen. Und auch nicht die

Gefahr, im Elbtal ein paar zusätzliche Staus zu erdulden. Die Rede ist nicht von der Gefahr, die repräsentative Demokratie zu emotionalisieren und durch Zehntausende von Bürgerentscheiden zu ersetzen. Und auch die Gefahr ist nicht gemeint, in einer Retrolandschaft historisierender Fassaden und neobiedermeierlicher Gesinnung zu versinken, wo sich die Lohas, also die Freunde eines »Lifestyle of Health and Sustainability«, die man als Bannerträger der Nachhaltigkeit bezeichnen könnte, ihre neuesten Manufactum-Errungenschaften vorführen (oder gleich den neuen Hybrid-Cayenne von Porsche vorfahren, »der verbraucht viel weniger Benzin als der alte Cayenne«).

Gemeint ist vielmehr die Gefahr, in einer überalterten Gemeinschaft von Hysterikern und Ego-Revolutionären zu leben, die an der Zukunft kein Interesse mehr haben, solange nur ihr Besitzstand gewahrt wird, und sei es nur der übliche Ort, um sich zu betrinken. Gemeint ist also die Gefahr, das Wichtigste zu verspielen: die Zukunft. Schon unseren Kindern zuliebe dürfen wir das nicht dulden.

Denn das Empört-euch-Syndrom und das tiefe, fast schon antidemokratisch ausufernde Misstrauen gegen alle nur denkbaren Bemühungen, die durchaus oft auf eine bessere Zukunft zielen und nicht immer nur automatisch eine schlechtere Zukunft hervorbringen: Sie wirken auf fatale Weise zusammen, gemeinsam richten sie sich gegen »die« Politik wie gegen »die« Technik oder gegen »die« Ökonomie. Dabei glaubt die um sich greifende NO!-Kultur eine Art »Wir-sind-das-Volk«-Bewegung zu sein, also das Maß und der Hort wahrer demokratischer Gesinnung.

Politik aber zielt auf Gestaltung, nicht auf Verweigerung. Und die Wut-Bewegung bezeichnet nicht den Siegeszug der direkten Demokratie, sondern ist ihrer Radikalität nach antidemokratischer Natur. Überdies verbündet sie sich mit einer gerontokratischen Rückwärtsgewandtheit, die vor dem Hintergrund apokalyptischer Weltuntergangs-Szenarien vor allem eines hat: Angst. Angst vor den neuen Medien, Angst vor der Überfremdung, Angst vor Überwachung, Angst vor sozialem Abstieg, Angst vor Kriminalität, Angst vor Gift im Essen und Tabakrauch in der Gastwirtschaft, Angst vor Technik, Angst vor der Globalisierung… Angst schließlich vor dem Morgen, vor dem Wandel, und sehr oft hat die Wut-Bewegung in der Summe all ihrer Ängste schlicht eine Riesenangst davor, den eigenen Lebensstandard, das vertraute Umfeld, die lieben Gewohnheiten zu verlieren. Weil die Zentrifugalkräfte der Welt an diesem Besitzstand zehren.

Das sympathische Büchlein »Empört euch!« ist einer der Bestseller des Jahres 2011. Aber nicht, weil man die Lebensgeschichte des Autors Hessel so spannend fände (sie ist tatsächlich spannend); nicht, weil man am französischen Sozialstaat und Hessels Plädoyer für diesen Sozialstaat ein übergroßes Interesse hätte (zumal in Deutschland, wo man sich auch sonst kaum für seine Nachbarn interessiert); sondern einzig deshalb verkaufte sich das Buch hierzulande wie verrückt, weil es so gut zu Deutschland passt, weil es so wütend wirkt, so aufbegehrend, so nach »das Maß ist voll« und »klare Kante«. Und je mehr man sich empört, desto kleiner erscheint die Angst. Man brüllt sie zusammen und sucht den Schulterschluss mit anderen Empörten. Ob sich die Empörung nun gegen ein mäßiges Fußballspiel richtet, gegen eine Biogasanlage oder gegen den Abriss eines Hauses in München, in dem seit einigen Jahren Döner verkauft wird.

Ob in der Wirtschaft, in Pädagogik, Kunst, Architektur oder auf dem Terrain der Rechtschreibung: Früher war alles besser. Und wenn nicht besser, so doch gut. Es ist eine Manufactum-Welt, in der wir leben. »Es gibt sie noch, die guten Dinge«: Der Slogan der Firma Manufactum ist zum Sehnsuchtsmodell einer ganzen Gesellschaft geworden. Das geht weit hinaus über gewisse Fabrikate, wie zum Beispiel »Buchenholztischbesen mit Ziegenhaarbesatz« oder »Kleiderbügel aus Sauerner Eiche«, die als Winterholz mondphasengerecht geschlagen wird. Als hätten wir keine anderen Probleme.

In diesem Sinn ist es erhellend, welche Einschaltquoten ein Fernsehfilm über den Erfinder des Automobils, Carl Benz, erzielt, während gleichzeitig der erste grüne Ministerpräsident in Baden-Württemberg unter allgemeinem Beifall vom ersehnten Ende dieser Erfindung spricht. Für die ungeheure Pioniertat kann man sich begeistern – sofern die Fernsehbilder Menschen in altertümlichen Gewändern zeigen. Die Geschichte der Moderne (und das Auto ist einer der Hauptdarsteller dieser Geschichte) ist willkommen, während man die Moderne selbst lieber heute als morgen verabschieden würde.

Warum ist das so? Weil dieser Gesellschaft der einigende Glaube an ein besseres Morgen abhandengekommen ist, weil der Futurismus, der vor einem Jahrhundert ausgerufen wurde, dazu die große Technikeuphorie und mancher Fortschrittswahn um des Fortschritts willen in ebendiesem Jahrhundert auch gründlich erschüttert wurden. Teilweise zu Recht. Weshalb sich aber nun in der Hingabe an das vermeintlich schönere Gestern die tatsächliche Heterogenität einer zutiefst gespaltenen Gemeinschaft der Ichlinge und ihrer je eigenen Interessen zeigt.

Die Wutbürger, die Empörten, die Nostalgiker, sie beschwören: das Alte. Dabei brauchen wir dringend das Neue. Denn sonst verbauen wir uns und unseren Kindern die Zukunft.

Natürlich wird es auch eine Zukunft geben, selbst wenn das Wutbürgertum mit dem großen Hang zum Status quo siegt. Aber es wird eine andere Zukunft sein.

Wie würde diese Zukunft aussehen?

Vielleicht so wie im Jahr 1911. Oder wie im Jahr 1811, 1711, 1611 ... nein, dann kommt schon bald der Dreißigjährige Krieg, der in Europa Hungersnöte und

Seuchen verursacht hat, der dafür sorgte, dass zum Beispiel in Süddeutschland die Bevölkerung um zwei Drittel dezimiert wurde, der für Rechtlosigkeit, Barbarei, für ökonomische, politische und soziale Verwerfungen sorgte.

So historienverliebt ist nicht einmal eine regressive Gesellschaft, welche die TV-Soap »Schwarzwaldhaus« hervorgebracht hat. In dieser Serie, die vor Jahren hohe Einschaltquoten mit sich brachte, ging es um eine Familie, die aus Freiwilligen rekrutiert wurde. Mehr als 700 Familien bewarben sich seinerzeit darum, drei Monate lang in einem Haus zu leben, das mit viel Aufwand in den Zustand von 1902 versetzt wurde, um ein »authentisches Leben wie seinerzeit« zu ermöglichen. Der sogenannte Kaltwasserhof bot den Freiwilligen: keinen Strom, kein fließendes Wasser, keine sanitären Anlagen, keine technischen Geräte und sonstige Hilfsmittel.

Drei Monate lebte die Familie Boro aus Berlin im Kaltwasserhof. Vorbereitet wurde sie auf ein telegenes »Leben voller Entbehrungen« unter anderem mit Hilfe eines Melksimulators und eines Plastikeuters. Die Familie Boro und die 699 leider abgelehnten Bewerberfamilien für dieses Abenteuer sind so etwas wie die Antwort der Nuller-Jahre auf die These, wonach Stadt-Kinder von heute grundsätzlich nur lilafarbige Kühe zeichnen würden, da sie außer durch die »Milka«-Werbung keinerlei Kontakt mehr hätten zur Natur. Im Kaltwasserhof lernten die Boros sogar, wie man Butter macht oder wie man Bürsten aus Rosshaar herstellt. Das alles vor den Augen einer staunenden Fernsehgemeinde, die sich ebenfalls zurückwünschte ins Jahr 1902.

Dieses Sehnen: Dazu dürfte man vor allem dann in der Lage sein, wenn man das Jahr 1902 nicht erlebt und auch sonst keine Ahnung davon hat, wie sonderbar zynisch und zugleich naiv dieses Ansinnen in einer Zeit ist, die sich glücklich schätzen darf, das Jahr 1902 hinter sich gelassen zu haben.

Das »Schwarzwaldhaus 1902« war derart erfolgreich, dass die Staffel fortgesetzt werden sollte. Im Gespräch war nun das Jahr 1900. Es geht zurück, immer nur zurück.

Das sieht man, in der fiktiven Zukunft, für die wir uns hier ausnahmsweise interessieren wollen, auch den Städten an. Die Wutbürger bilden dann die große Mehrheit in Deutschland. Längst haben sie sich zusammengetan mit den »Grauen« (die seit 1993 nicht mehr als »Graue Panther« firmieren, weil Panther irgendwie zu juvenil klingt). Seit Jahrzehnten schon bilden sie seitdem die unangreifbar herrschende Meinung. Wahlen gibt es nicht mehr. Ersetzt wurden sie durch Bürgerentscheide, die von den grauen Wutbürgern jedes Mal dominiert werden. Die Honecker-Quote ist wieder da. Mit stets 99 Prozent Zustimmung werden sämtliche Infrastrukturmaßnahmen blockiert. Daher gibt es kaum mehr passierbare Straßen. Bürgersteige wurden für Rollatoren umgebaut. Das Tempo ist auf 5 km/h begrenzt. Treppen sind verboten. Aufzüge leider auch, weil der Strom dazu nicht aus Atomkraftwerken und auch nicht aus Windkraftanlagen kommen darf. Windräder wurden mit Hilfe von Bürgerbegehren stillgelegt.

Das macht nichts, denn die Städte sind ohnehin gerne dunkel, denn erst so muten sie wie Städte im 18. Jahrhundert an. Man hatte sich darauf geeinigt, dass die Städte im 18. Jahrhundert nach dem Vorbild des »malerischen Städtebaus« viel hübscher gewesen seien. Streit gab es länger um die Frage, ob die Bettpfannen, wie im frühen 18. Jahrhundert üblich, einfach aus dem Fenster heraus entleert werden dürften. Lange Debatten mit viel Transparenz und jeder Menge Bürgerbeteiligung gab es dazu. Zeit kostete es auch, die vielen abstimmungsberechtigten Hundertjährigen einzubinden. Man hört ja nicht mehr so gut in fortgeschrittenem Alter.

Verboten sind in dieser Zukunft: Zukunftsforschung und Träume. Auf den übergroßen Flachbildschirmen der altersgerecht umgebauten Wohnungen werden pausenlos Historienfilme wie »Ben Hur« gezeigt. Tagsüber dürfen sich nicht auf der Straße sehen lassen: Kinder, Studenten, Ingenieure, Bagger, Kräne und Bahnmanager.

Das ist die Zukunft.

Möglicherweise.

3. Der große Stillstand

Die Empörung hat ein freundliches Gesicht an diesem Tag, an diesem 29. Januar 2011. Und zum freundlichen Gesicht trägt die Empörung einen braunen Mantel sowie einen grünen Schal. Denn es ist kalt in Stuttgart, wo sich der bleigraue Himmel über dem Hauptbahnhof wölbt, als habe man ihn festgebunden. Die Empörung heißt übrigens Helga D. Ihren ganzen Namen möchte Helga D. nicht in diesem Buch lesen. Aber sonst verrät sie dem Reporter manches. Zum Beispiel, dass sie 58 Jahre alt sei, Lehrerin von Beruf, und dass sie in einem Vorort von Stuttgart lebe. Und dass sie »total gegen den Wahnsinn, gegen den neuen Hauptbahnhof« sei. Und dass sie wütend sei. Das vor allem. Wütend auf die Bahn, die Politik und auf die Reporter. Und auf die, die hier Bäume fällen wollen. Und auf die, die nicht begreifen, worum es hier geht.

Um die Zukunft nämlich.

Und um eine neue Kultur. Um eine neue Gesellschaft. Helga D. hält in ihrer Tirade kurz inne. Sie sieht immer noch freundlich, ja zufrieden, wenn nicht selbstzufrieden aus. Und trotzdem ist sie eine typische Wutbürgerin.

Das ist ja das Bezeichnende an den neuen Wutbürgern. Ihre Wut erscheint einem weniger wütend als vielmehr selbstgefällig, satt und bisweilen überaus naiv.

Helga D. lässt den Reporter stehen und schwenkt jetzt ein Schild, das ihr ein ebenfalls nicht mehr ganz junger Mann, der ebenfalls eine grüne Mütze trägt, in die Hand gedrückt hat. Darauf steht: »Stuttgart grüßt Tunis und Kairo!«

Tunis und Kairo hatten in jenen Tagen und Wochen womöglich zu viel mit sich selbst zu tun, um zurückzugrüßen. Denn in Tunis und Kairo (und später noch an vielen anderen Orten) starben damals Menschen in blutigen Auseinandersetzungen. Sie starben im Tumult. Sie starben unter Beschuss. Manche aus Versehen, manche wurden hingerichtet. Aber Helga D. grüßt trotzdem unverdrossen jene Völker, die sich in fernen Ländern und weit weg von der schwäbischen Alb aufbäumen gegen die Despotie und den Terror ihrer autokratischen Regierungen. Helga D. fühlt sich diesen Menschen nah. Und ist sie, Helga D., nicht auch eine, die sich aufbäumt in großer Wut? Gegen solche Despoten wie den damaligen Ministerpräsidenten Stefan Mappus. Gegen solche Tyrannen wie den Bahnchef Rüdiger Grube. Nicht gegen Panzer begehrt Helga D. auf – aber doch gegen die Kettensägen jener, die gegen die Bäume im Stuttgarter Schlosspark vorgehen wollen. Ein Freund von Helga D. (»Ach, Klaus, toll, bist du auch wieder dabei?«) hat sich ebenfalls ein Pappschild gebastelt. »Ali – Mubarak – Mappus« ist darauf zu lesen.

Was soll das nur? In Stuttgart scheint man an einer besonderen Form der Maßstabslosigkeit zu leiden. Zwar kann man selbstverständlich und auch aus guten Gründen gegen den Neubau eines Bahnhofs sein, und natürlich kann man dagegen protestieren, dass sich ein Teil der Innenstadt in eine gewaltige Baugrube verwandeln soll. Aber erst nannten die Demonstranten ihre Umzüge »Montagsdemos« – nicht sehend, dass sie damit ihr historisches Vorbild, die Leipziger Montagsdemos auf schauerliche Weise verhöhnten. Denn bei diesen Demos stand mehr auf dem Spiel; sie waren Teil der Revolution in der DDR. Später kamen »Montagsdemos« in Rostock, Potsdam oder Halle dazu. Und zwar auch am Dienstag, am Donnerstag oder Freitag. Woche für Woche wurde so den Unterdrückern der SED das berühmte »Wir sind das Volk« entgegengehalten. In der DDR begehrte ein Volk gegen Unterdrückung, Diktatur und die Verbrechen eines Staates auf, der Menschen wie straffällige Insassen oder feindliche Soldaten behandelte. Und wogegen begehren die Stuttgarter auf? Dagegen, dass der alte oberirdische Bahnhof modernisiert und zum Teil durch einen neuen unterirdischen Bahnhof ersetzt wird. Dagegen, dass die bisweilen schäbige Stuttgarter Innenstadt ein neues, architektonisch ehrgeizig gestaltetes Quartier in bester Lage erhält. Dagegen, dass der Schlosspark erweitert wird. Dagegen, dass die Bahn in Deutschland schneller wird, weil die Züge, würde man Stuttgart 21 realisieren, die Stadt passieren könnten, statt erst in sie hinein-, dann wieder herausfahren zu müssen.

In Leipzig kam man montags zusammen, um Menschenrechte zu verteidigen. In Stuttgart kommt man zusammen, um die Unbill von Baugruben zu verhindern – und weil man der Meinung ist (und ja auch sein kann), dass es ein besseres Verkehrskonzept geben sollte. Vielleicht auch ein besseres Stadtkonzept. Und vielleicht wäre es auch gar nicht nötig, alte Bäume zu fällen, die dann anderswo durch junge Bäume ersetzt werden müssen. Man kann dieser Meinung sein, auch dieses Anliegen ist berechtigt: Aber es grenzt schon an Aberwitz, unerhörte Eitelkeit und schlichte Dummdreistigkeit, sich mit den Montagsdemos von Leipzig zu vergleichen.

Noch schlimmer ist der Vergleich mit den arabischen Unruhen, wo es ebenfalls darum geht, Diktatoren und Massenmörder zu verjagen, um ein menschenwürdiges Leben zu erlangen. Es ist schlicht absurd, »Ali-Mubarak-Mappus«-Plakate zu basteln, wahrscheinlich im Glauben, damit dem eigenen Protest vor sich selbst und vor den Medien eine zusätzliche Legitimation zu verleihen. Wer wirklich meint, die Verhinderung eines Bahnhofes sei so etwas Ähnliches wie die Verhinderung mörderischen Unrechts, bringt sich selbst um genau jene Glaubwürdigkeit, um die es den Bahnhofsgegnern in Stuttgart doch eigentlich gehen sollte.

»Die müssen weg«, sagt Klaus, auch er ein lächelnder Wütender. Er meint die Verbrecher, die finstere Bahnhofspläne schmieden, um das Volk zu unterjochen, »die müssen alle weg«. Und dann sind auch Klaus und Helga weg. Untergetaucht in einem Strom selbstgefälliger Empörung. Der Protestzug hat sich formiert und zieht jetzt durch die Innenstadt. Der Lärm der Trillerpfeifen ist beachtlich. Die Pfeifen hören sich an wie die auf dem Fußballplatz, wie die letzte Instanz also. Das schrille Trillern bedeutet: »So ist das. Nicht anders. Irrtum ausgeschlossen.« Trillernd biegt die letzte Instanz mit den allerletzten Stuttgart-grüßt-Tunis-Pappschildern ums Eck.

Nur ein paar Baumschützer sind noch da, sie sitzen im Schlosspark vor ihren Zelten und sehen in ihren Parkas und mit ihren Fellmützen so gar nicht aus wie die Na'vi. Also wie jene drei bis vier Meter großen, blauhäutigen Ureinwohner des Planeten Pandora, denen in James Camerons Film »Avatar« die Rolle der edlen Wilden im Lendenschurz zukommt. Denn die edlen Wilden leben, im Kino zumindest, im Einklang mit der Natur, vor allem aber in Symbiose mit den Bäumen. Daher verfügen die Na'vi über ein geheimes Wissen, über ein tiefes Verständnis der natürlichen Zusammenhänge. Und natürlich steht man diesem Wissen auf der Erde vollkommen ignorant gegenüber.

Denn die Erdlinge wollen Bodenschätze auf Pandora abbauen. Sie wollen mit gigantischen Baggern anrücken, um sich tief ins heilige Erdreich einzugraben. Leider genau dort, wo die Pandoraner eine idealtypische WG mit vierhundert Meter hohen Bäumen pflegen. In einer besonders scheußlichen Szene des Films zerballern wild gewordene Soldaten von der Erde das Reich der Bäume mit Raketen. Zur Hälfte sehen die Soldaten aus wie rußgeschwärzte US-Marines in pakistanischen al-Qaida-Verstecken; zur anderen Hälfte sehen sie aus wie CDU-wählende Bahningenieure aus der Gegend von Dinkelscherben. Jedenfalls zerstören sie gemeinsam unter Zuhilfenahme pyrotechnischer Hollywood-Raffinesse den Born des Lebens.

Am Ende der Feuersbrunst sinkt ein riesenhafter Baum in Zeitlupe dahin. Fast wundert man sich, dass Cameron diese Szene nicht mit Alexandras Uralt-Song »Mein Freund der Baum« unterlegt hat, den man in Deutschland seit einiger Zeit und vielleicht nicht ganz zufällig wieder als Handy-Klingelton hören kann: »Mein Freund der Baum ist tot, er fiel im frühen Morgenrot.«

Es ist aber auch so eine anrührende Szene, und man fragt sich, ob vor allem die Stuttgarter Baumschützer zu den Millionen von Kinogängern gehören, die »Avatar« zu einem der erfolgreichsten Filme aller Zeiten gemacht haben. Der Gedanke liegt nahe, denn auch die Stuttgarter Parkschützer sind beseelt von der Hingabe an die Natur, und sie sehen sich gleichsam in der Rolle der Na'vi, die wehrlose Bäume mit allen Mitteln gegen so etwas wie feindliche Soldaten im Dienste der Raffgier verteidigen müssen.

Es ist bemerkenswert, dass der Konflikt um einen Bahnhof am Beginn der Wut-Gesellschaft steht. Nicht die Diktatur, nicht das Blutvergießen, nicht Folter oder

Hunger: Ein Bahnhof ist es, der aus den Deutschen Revolutionäre gemacht hat. Andererseits: Der Bahnhof ist in gewisser Weise auch das perfekte Symbol für ein Land, das vom Horizont, von Aufbruch, Reise, Abfahrt nicht mehr viel wissen will. Kein anderes Bauwerk repräsentiert den Sehnsuchtsort der Moderne auf ähnlich einprägsame Weise. Der Bahnhof ist seit jeher ein Ort der Inspiration. Kurt Tucholsky schrieb über den Bahnhof: »Niemand steigt aus, niemand steigt ein. Aber hier ist: Aufenthalt.« Und Joseph Beuys vermutete einst: dass »die Mysterien im Hauptbahnhof stattfinden«. Der Bahnhof ist mehr als ein Ort in der Stadt, er ist ein Topos, ein Ort des Geistes, er ist ein Symbol. Immer wieder hat Max Beckmann den Frankfurter Bahnhof, einen der schönsten Gründerzeitbahnhöfe Europas, gemalt; und Claude Monet hat dem »Bahnhof St. Lazare« ein bildnerisches Denkmal gesetzt. »La Vie Parisienne« von Jacques Offenbach spielt wo? In einem Bahnhof. Und Walter Benjamin hat den Großstadtflaneur der Moderne geradewegs zum Bahnhof bestellt.

Der Bahnhof ist eine bautypologische Neuerfindung der Moderne. Ein denkwürdiges Hybrid. Nach vorne, zur Stadt hin, waren und sind die Bahnhoffassaden im Baustil der Zeit gestaltet, in der sie entstanden sind. Mal neohistoristisch, mal sachlich modern, mal monumental. Die Fassaden haben eine repräsentative, formal ambitionierte Bedeutung. Nach hinten aber, zum Gleiskörper hin, sind die Bahnhöfe reiner

Funktionalismus, reine Modernität. Die gigantischen Hallen sind Ausdruck dieser Funktionalität – dienten sie doch dazu, nicht nur Menschenmengen, sondern auch die gewaltige Menge an Dampf aufzunehmen, die Dampflokomotiven bei der Ein- und Ausfahrt ausstießen. Stahl und Glas, die Materialien der Moderne, machten den Bau solch gewaltiger, lichtdurchfluteter Hallen erst möglich. Die Bahnhöfe waren also nicht nur Repräsentationsarchitekturen, deren Vokabular oft der Baugeschichte entstammte, sondern auch futuristische, bedingungslos in die Zukunft weisende, rein funktionale Gebäude. Kein anderes Bauwerk steht so zwittrig im Heute, mit einem Bein in der Geschichte, mit dem anderen schon in der Zukunft.

Der Protestbewegung, die sich am Projekt eines Bahnhofes entzündete, geht es ähnlich. Sie weiß nicht recht, ob sie sich eher um die Zukunft sorgen oder die Vergangenheit bewahren sollte. Natürlich müsste sie beides wollen. Vielleicht ist diese Zerrissenheit auch das, was die deutsche Gesellschaft derzeit so wütend macht.

Wie dem auch sei: Zumindest die Filmgeschichte ist undenkbar ohne die dramatische Kulisse der Bahnhofsarchitektur. Man muss nur die Augen schließen, schon treten sie auf: Anthony Perkins inmitten der Gare d'Orsay als Josef K. in Orson Welles' Verfilmung von Kafkas »Der Prozeß«. Oder Humphrey Bogart als Rick Blaine in »Casablanca«: Er steht, im Trenchcoat, wie auch sonst, am Bahnsteig im Regen und hält den

Abschiedsbrief der Geliebten in Händen, im Gesicht den verwunderten Gesichtsausdruck eines Mannes, der sich fürchterlich leidtut. Cary Grant in Hitchcocks »North by Northwest«, verkleidet als Kofferträger, Greta Garbo als Anna Karenina unter den Rädern eines einfahrenden Zuges, Marilyn Monroe stöckelnd, Audrey Hepburn schmelzend ... Wer einmal damit angefangen hat, in seinem Bildgedächtnis nach dem Begriff »Bahnhof« zu suchen, der kann die Flut der Bilder gar nicht mehr stoppen.

Filme, Romane, Theaterstücke, Operetten, Gemälde: Die fiktionalen Künste sind kaum denkbar ohne jene Bahnhöfe, die sich auch in der Realität in die Kulturgeschichte eingeschrieben haben, wie King's Cross, die Gare du Nord, St. Pancras, das Grand Central Terminal oder die legendäre Penn-Station, über die der Schriftsteller Thomas Wolfe seinen Helden in »You Can't Go Home Again« (1934) sagen ließ: »Breit und schräg fielen staubbeladene Lichtstrahlen quer über den Fußboden des Bahnhofs, und die leise Stimme der Zeit schwebte an den Wänden und Decken dieses gewaltigen Raumes, herausgefiltert aus den Stimmen und Bewegungen der Menschen, die unter ihr wimmelten. Es war wie das Murmeln eines fernen Meeres ... Es war elementar ...«

Der Bahnhof ist eine Ikone des Transitorischen. Er markiert den Zwischenraum, ein Noch-hier-Sein ebenso wie das Noch-nicht-dort-Sein. Es kann kein Zufall sein, dass ein Bahnhof am Beginn der Wut-Ära steht. Und wenn doch, dann ist dieser Zufall zumindest eines: ungeheuer zeichenhaft.

Seit der erste Bahnhof der Welt eröffnet wurde, im Jahr 1826 im nordenglischen Darlington, dienen die Bahnhöfe als Schauplätze der Menschheit. Sie stehen für Abschied und Ankommen, für Aufbruch und Abfahrt, für entgleiste Leben und verpasste Züge, für Erwartung, Hoffnung, Sehnsucht. Kaum ein anderes Bauwerk hat die Phantasie der Gesellschaft so beflügelt und dazu die Kühnheit der Konstrukteure herausgefordert. Der französische Schriftsteller Theophile Gautier meinte gar, dass die Bahnhöfe die »Kathedralen der neuen Humanität« seien. Er feierte die Eisenbahn, die einem ganzen Zeitalter den Namen gegeben hat, als Vehikel der Zivilität. Menschen und Länder würden sich näherkommen, glaubte er, im wörtlichen wie im übertragenen Sinn.

Aber dann, im 20. Jahrhundert, kam der Krieg. Aus den Kathedralen der Humanität wurden kriegswichtige Bauwerke, Infrastruktur – und schließlich: Zielkoordinaten für die Bomber. Dann war der Krieg vorbei, und in die Ruinen jener Bauwerke, die zuvor als Kathedralen gefeiert wurden, zogen die Kriegsheimkehrer ein. Und die Schwarzmärkte. Nicht die Humanität, sondern die Illegalität fühlte sich von nun an in den Bahnhöfen der Nachkriegszeit besonders wohl. Aus dem Bahnhof, der früher zu den ersten Adressen in den Städten gehörte, wurde die eher anrüchige »Bahnhofsgegend«. Der Abstieg der Bahnhöfe in Deutschland schien unaufhaltsam – überall in der Republik. Nur einige große Prachtbauten, wie zum Beispiel der Bahnhof in Leipzig oder jener in Frankfurt, konnten sich in die Nachkriegszeit retten – oder wurden angemessen wiederaufgebaut. Viele der mittleren und kleineren Bahnhöfe wurden kaputtsaniert und zu Billigbuden degradiert.

Man muss an diese Geschichte, die viel mehr ist als bloße Architekturgeschichte, erinnern, um zu begreifen, dass die Idee von der »Renaissance der Bahnhöfe«, der sich auch das umstrittene Projekt Stuttgart 21 verdankt, einmal als visionär begrüßt wurde. Auch in Stuttgart.

Dabei ist die Idee von der, so wörtlich übersetzt, »Wiedergeburt der Bahnhöfe« aus dem Geist ihrer einst so prachtvollen und inspirierend kühnen Anfänge, die gleichermaßen funktional-technisch wie repräsentativ-pathetisch waren, im Grunde recht simpel und einleuchtend. Die Bahnhöfe sind in Deutschland fast immer als »Kopfbahnhöfe« angelegt. Das heißt: Sie liegen oberirdisch inmitten der Städte, unweit der Zentren. Dort sammeln sie all die Gleise, die auf sie zu- oder wegführen, unter einem gigantischen Dach. Die Elektrifizierung der Züge aber machte solche großen Hallen überflüssig. Das aber bot die Chance, aus oberirdischen Bahnhöfen niedrigere unterirdische Bahnhöfe zu machen. Und das wiederum barg eine noch viel größere Möglichkeit: Aus Kopfbahnhöfen, in die die Züge erst einfahren müssen, um dann auf gleichem

Weg wieder herauszufahren, konnte man nun auch »Durchgangsbahnhöfe« machen, so dass Züge die Stadt fortan unterirdisch passieren könnten.

Die Folge: Oberirdisch, in den zentralsten Lagen der Städte, würden freie Baugrundstücke entstehen, um gerade dort, wo die Städte am unansehnlichsten sind, attraktive Grundstücke freizusetzen – in der »Bahnhofsgegend« mit all ihren »Betreten-verboten«-Schildern, Zweckbaracken und Stellanlagen, die erfüllt sind vom Gekreisch ein- und ausfahrender Züge. Die Stadt, so die Idee, würde von unterirdischen Durchgangsbahnhöfen profitieren und zudem von der Möglichkeit urbaner Verdichtung, von neuen Bürobauten oder Wohnquartieren, von Parkflächen oder Kulturbauten. Und die Bahn würde gleichzeitig ihre Zugverbindungen schneller machen – und durch den Verkauf der Grundstücke würde sie sich selbst natürlich auch sehr viel vermögender machen. Die Privatisierung der Bahn spielt auch für die »Renaissance der Bahn« eine große Rolle.

Im Zuge dieser »Renaissance« wurden in den 1990er-Jahren die 21er-Pläne publik. Vor allem in München, in Frankfurt und Stuttgart sollten die Kopfbahnhöfe umgebaut werden zu Durchgangsstationen. Die Projekte hießen Stuttgart 21, München 21 und Frankfurt 21. Die »21« im Titel der ehrgeizigen Projekte sollte für die Zukunft stehen, für das 21. Jahrhundert. Damals, vor ungefähr 15 Jahren, gab es viele futuristisch anmutende Computersimulationen aus den Büros renommierter Architekten zu bestaunen. Die Zukunft war damals noch nicht so herabgewirtschaftet. Sondern ein Versprechen.

Dann kamen die Planer, dann kamen die Diskussionen, dann kamen die Veröffentlichungen. Es gibt, mit Blick auf Stuttgart 21, kaum ein Projekt, das ähnlich umfangreich in seiner Genese dokumentiert ist.

Aber obwohl die Planungen für Stuttgart 21 über all die Jahre nicht in verschlossenen Hinterzimmern und von geheimbündlerischen Verschwörern betrieben wurden, und zwar viele Jahre lang, kam erst im Jahr 2010 die Wut ins Spiel. Jene Wut, die sich schließlich in den sogenannten Montagsdemonstrationen entladen und zuletzt auch noch Winfried Kretschmann entgegenschlagen sollte, dem eben erst ins Amt gewählten ersten grünen Ministerpräsidenten Deutschlands mit Sitz ausgerechnet in Stuttgart. Die Grünen wurden in einer geradezu historischen Wahl zum Landtag Baden-Württembergs im Frühjahr 2011 vor allem auch deshalb stärkste Kraft, weil sie gegen den Bahnhofsumbau waren. Gegen einen Umbau, der auf völlig zivile Weise und so legal wie legitim beschlossen wurde.

Das hindert das Buch »Stuttgart 21 – Die Argumente« aber nicht daran, eine große Verschwörungstheorie zu entwerfen. Obwohl viele vernünftige Argumente gegen das Projekt ins Feld geführt werden (Argumente für das Projekt fehlen selbstverständlich), heißt es schon im Vorwort: »Was ist Stuttgart 21 wirklich? Ist es tatsächlich eines der wichtigsten Infrastrukturprojekte Deutschlands oder ist es nur ein Vorwand, um mehr als zehn Milliarden Euro öffentlicher Gelder in die Kassen von Banken, Immobilienfirmen und Baukonzernen zu transferieren?« Das ist durchaus charakteristisch für das aufgeklärte Wutbürgertum: Es wittert stets den ganz großen Abgrund – und bleibt die Beweise für die bananenrepublikanische Verschwörung dann schuldig.

Dazu passt, dass die Ergebnisse des im aufwendigen Schlichtungsverfahren mit Heiner Geißler gemeinsam von beiden Seiten verabredeten unabhängigen Stresstests nicht anerkannt, geschweige denn akzeptiert werden, dass »Trickserei« unterstellt wird, sobald die Resultate nicht ins eigene Konzept und Weltbild passen.

Was die Grünen im Jahr 2011 paradoxerweise tun müssten, um ihre Wutwähler zu befriedigen, ist dies: bestehende Verträge und sogar Gesetze brechen. Das ist das Dilemma, vor dem Winfried Kretschmann steht. Und auch die Stadt Stuttgart steht davor sowie die ganze Wutgesellschaft.

Die Argumente der Bahnhofsgegner sind vielfältig: Manche meinen, dass das Projekt Stuttgart 21 schlecht kalkuliert und falsch berechnet sei; der Bahnhof werde zu teuer; der Nutzen sei fragwürdig; vor allem aber gefährde dieses Großvorhaben die Finanzierung anderer, kleinerer Bahnvorhaben; dies zu einem Zeitpunkt, da die öffentlichen Haushalte einmal mehr auf eine Rekordverschuldung zusteuern. Andere weisen auf das Baudenkmal des alten Bahnhofes hin. Andere auf die fragile geologische Lage voller natürlicher Quellen, die eine so große Baustelle, es wäre die größte in Europa, nicht verkraften könne. Auch meint man, dass der neue Bahnhof das Reisen unbequemer und zeitraubender mache – im Gegensatz zum alten Bahnhof. Und zuletzt heißt es immer mal wieder, der Bürgerwille sei ein erstes Opfer dieser Baustelle: »Das bisherige Geschehen um Stuttgart 21«, so ein Thesenpapier der »Oben-bleiben«-Fraktion, »hat bewiesen: Bei diesem Prestigeprojekt bleibt der Bürgerwille auf der Strecke, und Bürgerbeteiligung wird zur Farce. Der weit überwiegende Teil der Stuttgarterinnen und Stuttgarter lehnt das Projekt ab.« Woher diese Einschätzung der Mehrheitsverhältnisse stammt, verrät das Thesenpapier nicht.

Man kann aus guten Gründen gegen die Bahnhofspläne sein, man kann Politiker, die diese Gründe ignorieren, abwählen. Man kann umgekehrt auch für Stuttgart 21 sein, dafür, einen Bahnhof, der bald 100 Jahre alt ist, so umzugestalten, dass er auch in Zukunft seinen Job erledigen kann; man kann sich sogar begeistern für die Idee, die Stuttgarter Innenstadt schöner zu machen und zugleich an die Geschichte der kühnen Bahnhofsprojekte anzuknüpfen, die übrigens auch früher so umstritten waren wie der Bau des Eiffelturms oder jener von Neuschwanstein.

Kaum zu beantworten ist aber, warum es zur Ablehnung des Neubaus Wut braucht. Eine Wut, die oft so kindisch wirkt, dass man denken könne, sie stünde einer pubertären Gesellschaft eher zu Gesicht als einer reifen. Eine Wut, die sich entlädt als Frustration; eine Wut, die aus Bürgern bisweilen Mob macht; eine Wut, die nicht immer nur gute Gründe benennt, sondern vor allem aus großen Gefühlen besteht. Aus Ressentiments, aus Angst, aus Starrsinn.

Das zeigte sich im Juli 2011. Damals wurde von dem Schweizer Ingenieurbüro SMA der durch die Heiner-Geißler-Schlichtung beschlossene Stresstest veröffentlicht. Die Schweizer Ingenieure waren sowohl von der Bahn als auch von den Bahnhofsgegnern als Gutachter bestimmt worden. Monatelang untersuchten sie mit Hilfe einer Computersimulation, ob der neue unterirdische Durchgangsbahnhof tatsächlich um 30 Prozent leistungsfähiger sein würde als der alte oberirdische Kopfbahnhof. Vom Ausgang des Stresstestes erhoffte man sich ein Ende des Streits.

Der Stresstest fiel positiv aus für die Bahn. Dem Gutachten zufolge wäre der neue Bahnhof deutlich leistungsfähiger als der alte. Das zentrale Argument der Bahnhofsgegner ist dadurch in aller Öffentlichkeit widerlegt. Und was geschieht? Die »Oben-bleiben«-Bewegung lehnt das Ergebnis ab, droht mit Protesten, spricht von Tricksereien und boykottiert zunächst den weiteren Dialog. Der selbst geforderte Stresstest soll nun plötzlich, da er ein unliebsames Ergebnis mit sich brachte, nur noch ein »Alibi-Stresstest« sein. So verlogen kann die Wut sein, die sich angeblich gegen die Lüge richtet.

Im Internet kursiert ein in seiner Komik kaum zu über-
bietender Clip, der den früheren bayerischen Ministerpräsident zeigt. Edmund Stoiber verheddert sich
in diesem kurzen Video, das mit 1,6 Millionen Klicks
ein echter YouTube-Renner ist, nicht nur in der deutschen Sprache, sondern auch in den Bildern und Me-
taphern der Zukunft. Es geht um den Transrapid, also
um das bis zum März 2008 betriebene Projekt einer
Magnetschwebebahn, die den Münchner Flughafen
mit dem Münchner Hauptbahnhof verbinden sollte.
Ganze acht Jahre warb der bayerische Staat für dieses
Tempo-Projekt, das schließlich an Kostensteigerungen,
an Fragen der Effizienz, aber auch am Bürgerunwillen
scheiterte. Bis heute gehört der Münchner Flughafen
somit zu den am wenigsten gut erschlossenen Flughäfen Deutschlands – obwohl er nach dem Drehkreuz
in Frankfurt der zweitwichtigste in Deutschland und
dazu einer der größten Flughäfen Europas ist.

Es geht hier aber nicht um die Frage, ob dieses mittlerweile wohl endgültig zu den Akten gelegte Projekt
sinnvoll ist oder nicht – dazu könnte man ein eigenes
Buch verfassen. Stattdessen soll es hier um Fragen der
Rhetorik gehen. Stoibers Internetauftritt ist in diesem
Zusammenhang aufschlussreich. Bekannt wurde er
unter anderem als »Stoibers gesammeltes Stammeln«.
Stoiber sagt beispielsweise: »Wenn Sie vom Hauptbahnhof in München… äh… mit zehn Minuten…
hm… ohne dass Sie am Flughafen noch einchecken
müssen… dann starten Sie im Grunde genommen

am Flughafen... äh... am... am... Hauptbahnhof in München... hm... starten Sie Ihren Flug.«

Extrem lächerlich, gewiss. 1,6 Millionen Klicks können nicht irren. Andererseits: was Stoiber sagen möchte, ist schlicht, dass der Transrapid den Flughafen von der Innenstadt aus schneller erreichbar macht, nämlich in zehn statt in 40 Minuten. Zugegeben, er verhaspelt sich dabei auf ziemlich peinliche und lächerliche Weise. Aber dass aus einer eher typischen Äh-öh-hm-Rede Stoibers der berühmte, millionenfach belachte »Zehn-Minuten-Transrapid-Clip« werden konnte, hat noch einen zweiten Grund: Seine Komik bezieht dieser Clip nämlich auch aus der Bereitschaft des Publikums, die politischen Beschwörungen von Tempo, Fortschritt, Leistungs- und Zukunftsfähigkeit per se als lächerlich wahrzunehmen. Die Beschwörung der Zukunft ist mittlerweile offenbar lachhaft geworden.

Worte wie »Innovation« oder »Fortschritt«, »Technologie« oder »Wettbewerb« stehen heute in Deutschland auf dem Index, werden argwöhnisch betrachtet oder mitleidig belächelt. Es ist schwer geworden, über große Vorhaben zu sprechen, mitreißen zu wollen, begeistern zu wollen, zu überzeugen, zu werben, Bilder von morgen zu entwerfen – ohne in Gefahr zu geraten, sich lächerlich zu machen. Interessant dabei ist, dass dies für die meisten Projektionen des Zukünftigen gilt. Für vernünftige Vorhaben ebenso wie für aberwitzige.

Auf der Ebene der Sachargumente wird zwar differenziert, nicht aber auf der Ebene der Emotionen. Der

Fortschritt ist aus der Mode gekommen, er wurde uns zur lächerlichen, inhaltslosen Metapher, hinter der im Zweifel stammelnde, unfähige Politiker stehen, die im Geheimbund mit den rein ökonomischen Interessen einiger Eliten die Allgemeinheit schädigen, wo sie nur können. Jetzt aber hat man sie durchschaut. Sie sind Witzfiguren geworden, Projektionsflächen für Verachtung und Spott, Wut und Hass.

Das sollte auch Christian Ude erfahren, Oberbürgermeister der Stadt München, der im März 2011 in einem Fernseh-Streitgespräch für die Olympia-Bewerbung Münchens und Garmisch-Partenkirchens warb. Sein Kontrahent in der Sendung war Ludwig Hartmann, ein Sprecher der Olympia-Gegner, Initiator des NOlympia-Bürgerbegehrens und Abgeordneter im Bayerischen Landtag für Bündnis 90/Die Grünen.

Ude, deutlich älter als sein jugendlich wirkender Gegner, steht in Anzug und Krawatte überkorrekt an einem mit zwei Uhren und zwei Wassergläsern drapierten, dreieckigen Tisch. Hartmann mit Wuschelfrisur und eher lässig gekleidet, steht ihm in deutlich entspannter Haltung gegenüber. Die Moderatorin eröffnet den Schlagabtausch des »Olympia-Duells«. Eine kurz zuvor durchgeführte TED-Umfrage hat für die Bewerbung eine Mehrheit von 66 Prozent ergeben. Ude und Hartmann haben nun je drei Minuten, um aus ihrer Sicht klarzumachen, warum Olympia 2018 in München/Garmisch sinnvoll beziehungsweise abzulehnen sei.

Bezeichnend und entscheidend nun für das Folgende ist: Udes Vokabular zündet nicht. Es ist das Vokabular des Optimismus, Ude spricht von »Begeisterung« und »einmaliger Chance«, er spricht vom »größten Fest der Völkerverständigung«, von »Impulsen« und »Modernisierung«. Es ist die Rhetorik des Positiven. Normalerweise müsste er damit punkten – als ein seit Jahren erfolgreicher, über die Maßen beliebter, kluger und eloquenter Politiker, der glaubhaft wirkt. Hartmann hält polemisch dagegen: bei ihm ist alles »aus dem Boden gestampft«, soll »durchgepeitscht werden« auf der »grünen Wiese«, und zwar mit den »Milliarden der Steuerzahler« sowie auf »intransparente« Weise. Es ist das Vokabular des Skeptizismus und des Negativen. Und dieses siegt – nicht zuletzt durch den eher nebulösen Hinweis auf den antiökologischen Charakter der Spiele.

Dabei hätten die Winterspiele 2018, da in München und Garmisch-Partenkirchen sowie an den anderen Austragungsorten in Oberbayern schon etliche der Spielstätten stehen, zu den grünsten Spielen der Olympia-Historie werden können. Unter Fachleuten ist das unbestritten. Dennoch vermochte man sich für diese Spiele nicht zu begeistern.

Das Dagegenhalten konnte punkten. Das Dafürsein, das, was Ude als Chance und große Sache beschrieb in jenem TV-Duell, war von Anfang an unterlegen. Die Zeit ist nicht danach. Gerade das aber ist in diesem Zusammenhang so interessant: Es geht um die psychologische Momentaufnahme, weniger darum, ob man die Spiele nun für wünschenswert erachtet oder nicht. Interessant ist die Verfasstheit des Landes. Eines Landes, dessen Stimmung sich, vergleicht man es mit dem Deutschland des Jahres 1972, dramatisch verändert hat. Eines Landes, das sich für die Zukunft nicht mehr begeistern mag. Eines Landes, das für so etwas wie für die Bewerbung für Olympia 2018 nur noch wenig Enthusiasmus aufbringen kann. Und das es mit einem Achselzucken notiert, wenn es nicht den Zuschlag bekommt. Schließlich ist das doch kein großer Schaden. Solange sich nichts ändert und die Welt nicht vor der Tür steht, weil sie die Spiele 2018 besuchen will, ist alles in bester Ordnung. So vom Sofa aus betrachtet.

München im Frühjahr 2011. Unter dem Titel »Umstrittene Projekte« veröffentlicht die »Süddeutsche Zeitung« einen Stadtplan, der aussieht, als sei er versehentlich ins Schussfeld einer Schrotflinte geraten. Es gibt Einschüsse in der Stadtmitte, im Norden, Süden, Westen und Osten der Stadt. Neun Projekte werden aufgelistet, gegen die sich »die neue Wut der Bürger« richtet: »Gegen ungeliebte Vorhaben vor der eigenen Haustür gehen immer häufiger Menschen auf die Straße.«

Erstens: ein Neubaukomplex. Auf dem Gelände einer alten Fabrik in der Stadtmitte, wo früher Brillen hergestellt wurden, sollen 280 Wohnungen entstehen. »Wir wollen ja auch, dass da gebaut wird, aber nicht so«, sagt eine Mitbegründerin der Initiative »3mühlenviertel redet mit«. Gemeint ist: nicht so hoch, nicht so dicht, nicht so groß. In erstaunlich kurzer Zeit bekunden mehr als tausend Bürger ihre Solidarität. Nun sollen weniger Wohnungen gebaut werden – in einer Stadt, die dringend mehr Wohnungen benötigt. Auf einem zentral gelegenen Gelände, das früher als Fabrik unzugänglich war. In einer Höhe, achtgeschossig, die man aus Paris oder London kennt. Aus Städten also, die nicht für ihre Hässlichkeit bekannt sind. Es ist erstaunlich.

Zweitens: ein S-Bahn-Tunnel. Die Münchner S-Bahn ist notorisch überlastet und benötigt seit Jahren eine zweite Stammstrecke, um die Innenstadt störungsfrei queren zu können. Das bedeutet: auf Jahre eine große Baugrube in bester Innenstadtlage. Dagegen sind Geschäftsleute, die um ihre Umsätze fürchten, Hausbesitzer, die um ihre Mieteinnahmen fürchten, und Mieter, die um ihre Ruhe fürchten. Dagegen sind allerdings auch die Grünen, weil sie ein anderes Konzept für richtiger erachten. Protest gegen die S-Bahn, die als umweltverträgliches Fortbewegungsmittel gilt, das man schleunigst ausbauen sollte. Auf den Fotos von den Trillerpfeifenprotesten sind Schilder zu sehen. Sie zeigen die Aufschrift »DB: Die Achse des Bösen«. Es ist erstaunlich.

Drittens: die geplante dritte Startbahn für den Flughafen. 60 000 Einwände gibt es dagegen. Der Flughafen ist einer der wichtigsten Arbeitgeber im Münchner Norden. Es ist erstaunlich.

Viertens bis neuntens: Protest gibt es gegen einen neuen Metrobus, gegen den Bau einer Erschließungsstraße, gegen den Bau von Sozialwohnungen, gegen den Neubau eines Krankenhaus-Landeplatzes, den Hubschrauber im Notdienst anfliegen können, gegen den Bau von 144 Wohnungen, gegen die Erweiterung des Straßenbahnnetzes. Es ist alles ziemlich erstaunlich. Oder doch vieles davon.

Nicht im Einzelfall, da gibt es häufig nachvollziehbare und manchmal auch weniger gut durchdachte oder begründete Argumente. Wie anderswo auch. Erstaunlich ist aber die Masse der Einwände, die in immer kürzerer Zeit von immer mehr Bürgern vorgebracht werden. Und zwar in einer Stadt, in München, die zu den erfolgreichsten und auch wohlhabendsten Städten Deutschlands zählt. Seit vielen Jahren regiert hier Rot-Grün zur allgemeinen Zufriedenheit. Das Amt des Oberbürgermeisters gilt als nahezu uneinnehmbar. Christian Ude ist einer der beliebtesten Kommunalpolitiker. In Umfragen liegt er stets weit vorne. In Rankings und Städtevergleichen belegt München immer wieder Platz 1. Viele Menschen wollen gerne hier leben.

Woher kommt also dieser Protest, der manchmal umso heftiger ausfällt, je belangloser Eingriffe anmuten, die abgewendet werden sollen?

Der Soziologe Armin Nassehi von der Münchner Ludwig-Maximilians-Universität meint: »Natürlich sind Proteste nicht neu, auch Befindlichkeitsproteste nicht. Was neu ist, ist die Trägergruppe: durch alle Milieus, mit einem Schwerpunkt im Bürgertum, das sich üblicherweise nicht an Straßenprotesten beteiligt hat und jetzt in gediegenem Tuch demonstriert. Es sind Leute, die diese Formen aus dem Fernsehen kannten und jetzt kopiert haben. Diese sogenannten Wutbürger haben zum Teil Parteien gewählt, die das beschlossen haben, wogegen sie nun protestieren.« Und weiter: »Neben dem Problem, dass die Bürger sich in politischen Gesamtpaketen nicht mehr repräsentiert sehen, existieren sehr starke Abstiegsängste in der Mittelschicht... Die Leute suchen Formen, in denen sie sich stärker repräsentiert fühlen als in Parteien. Deshalb haben diese Proteste auch etwas Eventmäßiges.«

Was in München geschieht, passiert auch in Hamburg und Berlin. Es betrifft den Osten wie den Westen Deutschlands. Es ist der Beginn einer Ära. Wobei man die vielen Bürgerinitiativen, die sich nun auch mit Hilfe der neuen Medien und ihrer Vernetzungsmöglichkeiten in immer kürzerer Zeit mobilisieren lassen, kaum vergleichen kann. Weder in der Sache noch in den Argumenten oder in den Motiven. Mal geht es um die Angst vor einer Technologie, die nicht ausgereift oder schlicht überflüssig erscheint (Magnetschwebebahn), mal um die Angst vor Veränderungen des vertrauten Ortsbildes (Hochhäuser), mal um die Angst vor sozialen Verwerfungen oder gar Überfremdung (Sozialwohnungen), mal um die Angst vor Lärmbelästigung (S-Bahn-Tunnel) oder die Angst, finanzielle

Nachteile zu erleiden (ebenso: S-Bahn-Tunnel), mal geht es um Fragen der Finanzierung oder um solche der Alternativen, mal geht es um Naturschutz, mal um Denkmalschutz, mal um den Mangel an Kommunikation, mal um jenen an Transparenz, mal geht es gegen die Politik, mal gegen die Architektur, mal gegen die Ökonomie – und, siehe Nassehi, mal auch ums Event als solches.

Nochmals: All diese Proteste sind kaum vergleichbar, manche davon erscheinen völlig glaubwürdig, andere nicht. Mal sind sie wichtig, mal eher nebensächlich. Etwas aber eint die Proteste bei allen rationalen Unterschieden. Es ist die häufig irrationale Maßlosigkeit der Ablehnung, die sich aus Wut, modischem Dagegen-Dabeiseinwollen, Politikverdrossenheit und Ressentiments speist. Und es ist nicht zuletzt noch etwas Weiteres, etwas, das man in Deutschland das Sankt-Florians-Prinzip nennt, nach dem Schutzheiligen gegen Feuergefahren, und das seine prägnanteste Formulierung in dem bekannten Stoßgebet findet: »O heiliger Sankt Florian / Verschon mein Haus / Zünd andre an!«

401 Jahre trennen Don Quijote, den Ritter von der traurigen Gestalt, und Ethan Hunt, der im Grunde auch ein recht trauriger Agent ist, muss er doch stets eine unmögliche Mission erfüllen. Fast ein halbes Jahrtausend, das ist eine lange Zeit. Und doch kämpfen beide gegen die gleichen Windräder.

Im Jahr 1605 wurde Cervantes' Roman veröffentlicht, im Jahr 2006 kam »Mission: Impossible 3« mit Tom Cruise in der Hauptrolle ins Kino. Aber obwohl aus Rosinante, dem Gaul des Ritters, ein moderner Helikopter wurde, drehen sich doch immer noch Windräder, um ein großes Gefühl zu illustrieren, im Buch wie im Film. Es wird sprichwörtlich viel Wind gemacht, um einen Kampf auf möglichst einprägsame Weise als nahezu aussichtslos erscheinen zu lassen. In beiden Fiktionen, hier die von Tom Cruise, dort die von Cervantes, sind die Windräder ausgesprochen bösartig, zeichenhaft, symbolträchtig.

Der Agent muss beispielsweise seinen Helikopter im rasenden Flug durch ein ganzes Feld von Windrädern dirigieren, wobei er immer in Gefahr ist, von einem der sich wie wahnsinnig drehenden Rotorblätter enthauptet zu werden. Und zwar mitsamt seiner hochmotorisierten Flugmaschine, die, geriete sie denn in den Bannkreis der Windkraftanlage, zermalmt würde wie ein lästiges Insekt. Oder Don Quijote, der Junker: Er lehnt sich so ritterlich wie lächerlich auf in seiner rostzerfressenen Rüstung unter dem Papphelm und führt die Lanze gegen ein Windrad, das von Cervantes als gnadenlose Maschine beschrieben wird. Ostentativ beschreibt das Windrad die Entmachtung des Adels, der im 17. Jahrhundert gerade durch den Siegeszug der Technik seine einst überragende Stellung in der Gesellschaft eingebüßt hat.

Im Roman dient das Windrad folglich als Bild des

Fortschritts, der das Bestehende aus den Angeln hebt; im Film dient es als Hort einer untergründig spürbaren Gefahr.

Gefahr und Fortschritt. Eine Windkraftanlage als höchst gefährlicher Fortschritt (einer in Anführungszeichen freilich), eine Anlage, welche die Welt verändert mit rudernden, ins Riesenhafte übersteigerten Armbewegungen – und das alles im Takt der Maschine: Davor fürchtet sich und dagegen kämpft auch ein durch etliche Reportagen bekannt gewordener Mann in der Uckermark, der insofern beides zugleich ist, ein Ritter von trauriger Gestalt wie auch ein Agent auf unmöglicher Mission. Robert Niebach ist sein Name.

Niebach, den man als gutsituierten Best-Ager beschreiben könnte, wäre nicht schon so oft das Bild von ihm als gebeugter, krank aussehender Mann in den Medien zu sehen gewesen, ist ein Mann Ende 50, Anfang 60. Er lebt in einem Dorf namens Wallmow in der Nähe von Prenzlau. In einer so idyllischen Umgebung, dass man meinen könnte, Theodor Fontanes »Wanderungen durch die Mark Brandenburg« seien auf Niebachs Hof verfasst worden. Auf jenem Hof, den er sich so schön hergerichtet hatte.

Damals, als er, der gebürtige Bayer, von Berlin aus, wo er sich als einer der ersten Biometzger erfolgreich etabliert hatte, nach einem unversehrten Stück Land gesucht und den Hof in Wallmow gefunden hat. Blumen wollte Niebach hier fortan verkaufen. Und ansonsten im Einklang mit der Natur leben.

Niebach ist nicht erst in den Wochen seit der Reaktorkatastrophe von Fukushima zum Grünen geworden – so wie die halbe deutsche Regierung, die sich gar nicht schnell genug den Atomausstieg ans Revers stecken konnte wie einen Verdienstorden erster Klasse. Niebach denkt immer schon, dass Nachhaltigkeit mehr ist als ein Begriff aus der Forstwirtschaft. Niebach denkt grün. Und er dachte grün. Damals.

Damals, als sein Kampf gegen die Windmühlen noch Zukunft war und die Zeitungen noch nicht auf die Idee gekommen waren, ihn als Don Quijote der Uckermark zu porträtieren. Damals, als es hier noch viele Rehe gab. Und Wildgänse.

Alle weg. Wegen der 14 Windräder, die man ihm vor die Tür gestellt hat. Sagt Niebach.

Und nicht nur vor die Tür, sondern auch vor den ehemaligen Kuhstall, worin sich inzwischen das Schlafzimmer befindet. Niebach, der seitdem nachts nicht mehr schlafen kann, sagt, die Windräder hätten ihn krank gemacht. Einer Reporterin erzählt er seine Leidensgeschichte, darin kommen Schwingungen vor, Lichtemissionen, Infraschall und »tieffrequente Geräuschemissionen«. Niebach sagt: »Ein Brummen, ein Dröhnen, Vibration in der Luft – bei Nordwind weiß ich es nicht mehr auszuhalten, mein Gehirn brummt.«

Schuld aber an dem Brummen und daran, dass er jetzt wieder zurückkehren werde in die Stadt, sei »eine mächtige Industrie«. Die Industrie der Windräder. Und Fukushima leider auch. Die Atomkatastrophe, die sich im Frühjahr 2011 in Japan ereignet hat, führte zum Atomausstieg Deutschlands. Und wird zum Bau von Windkraftanlagen führen. Und dazu zum Bau von Stromtrassen, um den Strom aus dem Norden Deutschlands, wo er hauptsächlich durch Windkraft zu gewinnen ist, in den Süden Deutschlands zu transportieren, wo er hauptsächlich gebraucht wird.

Es geht aber nicht allein um den Wind, sondern auch um andere regenerative Energiequellen, die seit Jahren beschworen werden – aber erst jetzt im Sog von Fukushima Realität werden können oder könnten. Es geht um Geothermie, um Pumpspeicherkraftwerke, um Solarparkanlagen oder um Biogas. Es gibt noch andere Beispiele. Aber am illustrativsten ist der Wind, von dem Bert Brecht einst annahm, dass er allein bleiben werde von unseren Städten, er, der »durch sie hindurchging«. Um die Windkraft geht es vor allem. Und deshalb geht es um Robert Niebach, der seit Jahren Seite an Seite mit einer Bürgergemeinschaft gegen den »Windmühlenkapitalismus« und die »Verschandelung« der Natur kämpft.

Was schon einigermaßen paradox erscheint: Ein grün denkender und handelnder, im Naturschutz engagierter Mann bekämpft in letzter, nämlich eigener Konsequenz die zentrale grüne Energiepolitik: das Umstellen von Atomkraft auf regenerative Energien aus Wind, Wasser, Erde oder Sonne.

Das postfossile Zeitalter und wie man sich dafür rüstet: Das ist so etwas wie der Gesellschaftsvertrag der Grünen. Robert Niebach will ihn nun kündigen beziehungsweise wegziehen. Für Windkraft ist er schon. Aber nicht für Windkraft vor seinem Hof.

Mit diesem Dilemma ist Niebach keineswegs allein. Es gibt die Bürgerinitiative »gegen die rücksichtslose Vollpflasterung des Osthavellandes«; wie es auch die Bürgerinitiative »Gegenwind Jurahöhe« gibt; es gibt die »Windkraftgegner Niederkrüchten« und die Initiative »Freier Wald e.V.« in Zossen; es gibt die Bewegung »Das Maß ist voll«, die »gegen weitere Windkraftanlagen in und um Schwaförden« protestiert; es gibt Protest in Grafengehaig, Marktleugast, Cuxhaven oder Modautal. Könnte man doch nur die Energie nutzen, die es kostet, all die Gutachten und Expertisen zur gesundheitlichen oder landschaftlichen Beeinträchtigung zu erstellen: Dann könnte man getrost auf die Windkraft verzichten.

In Deutschland, das ist grüner Konsens, wird seit Jahren die umweltfreundliche Windenergie beschworen. Nun, da dieser Beschwörung auf breiter Ebene Taten folgen könnten, wird plötzlich die große Gefahr der Windkraft gesehen. Das wäre durchaus komisch, wäre es nicht so ernst.

In den USA ist im September 2009 das Buch »Nimby Wars« erschienen, verfasst von den Autoren P. Michael Saint, Robert J. Flavell und Patrick F. Fox. Es ist das Buch zum Problem, welches in Deutschland gerade jetzt nach Fukushima heranreift. In den USA, wo es sehr viel mehr Grundstückseigentum als in Deutschland gibt, ist das Phänomen schon länger bekannt: NIMBY – das ist die Abkürzung für »Not In My Backyard«, zu Deutsch etwa: nicht in meinem Hinterhof, nicht in meinem Vorgarten, nicht in meiner Straße, meiner Stadt... nicht dort also, wo ich lebe. Das »Ich« kann man sich in Versalien vorstellen.

Konkret heißt das: Man ist schon dafür, dass es Windkraft gibt. Beim Nachbarn zum Beispiel. Man will auch gerne mobil sein, die Umgehungsstraße, die man dazu braucht, soll aber bitte durch das Nachbarviertel führen. Besser noch durch die Nachbarstadt. Und wir sind unbedingt dafür, dass der Energieverbrauch weltweit reduziert wird, glauben aber, das ließe sich am effektivsten in Indien oder China regeln, wo es inzwischen einfach zu viele Autos und Kühlschränke gibt.

Die Nimby Wars sind die Kriege der Zukunft. Auf dem Buchcover der amerikanischen Ausgabe sind Menschen zu sehen, die Plakate in die Luft halten: »Not here! Not now!« Nicht hier, nicht jetzt. Gerne aber woanders – und gerne auch später, etwa zu Lasten der nächsten Generation.

Ähnliche Fotos tauchen immer öfter gerade auch in Deutschland auf, das gute Chancen hat, die Nimby-Nation Nr. 1 zu werden. »Geothermiekraftwerk: nicht in Weilheim« ist dann beispielsweise auf den Schildern zu lesen. Oder ein prominenter Münchner Barkeeper erzählt einem Reporter, dass er absolut gegen den Ausbau der S-Bahn in München sei. Die Baustelle läge dann zwar nicht in seinem Vorgarten oder Hinterhof, wohl aber in der Nähe seiner Bar. »Not In My Bar«: Charles Schumann ist kein Nimby, er ist nur ein Nimb.

All die Initiativen gegen alternative Energien, die sich nun breit machen in Deutschland, sind Ausdruck des Sankt-Florian-Denkens. Um ihm beizukommen, gibt es, anderswo, schon jetzt eine zum Teil absurd anmutende Deeskalations-Strategie. Für Deutschland darf man diese in gesteigerter Form erwarten.

Zuletzt lobte in Großbritannien der Energie- und Klimaminister Chris Huhne einen Wettbewerb zur Verschönerung eines höchst umstrittenen Kulturgutes aus. Es geht um Hochspannungsmasten. Huhne sagte: »Die doppelte Herausforderung von Klimawandel und Energiesicherheit sieht uns vor dem Beginn einer neuen Ära der Energiearchitektur.« Auch in Deutschland tüfteln Designer und Architekten bereits an einer formalen Verschönerung der stählernen Riesen.

Die internationalen Versuche, mit Hilfe der Architektur die Akzeptanz für die Masten zu erhöhen, wirken freilich etwas hilflos. Die US-amerikanischen Architekten Thomas Shine und Jin Choi haben stählerne Homunkuli im Riesenformat entworfen, um die Masten »menschlicher« erscheinen zu lassen. Und zwar im Auftrag eines isländischen Energieunternehmens. Die Computersimulation zeigt eine gigantische Frau mit Brüsten und einen muskulös gebauten Mann, zusammengesetzt aus Stahlstreben. Einträchtig stehen sie nebeneinander und recken die Arme in die Lüfte, dort oben stemmen sie die Stromkabel in den Himmel. Ein anderer Entwurf zeigt bunte Ringe in Haushöhe. Kabel durchziehen sie wie gigantische Spinngewebe. Oder es gibt eine Art Riesenmikado: Hier sind die Strommasten dekonstruiert, bilden also ein chaotisch anmutendes, scheinbar wild durcheinandergeworfenes Gestänge, das irgendwie all die darauf ruhenden Stromleitungen ausbalanciert. Vertrauen kann man dieser Konstruktion dem Augenschein nach nicht. Es sieht eher so aus, als ob das gesamte Gebilde jeden Augenblick in sich zusammenstürzen könnte, um all die denkwürdigen Bemühungen, die Gegenwart mit der Zukunft zu versöhnen, unter sich zu begraben.

Zehntausende zumeist veraltete Strommasten gibt es in Deutschland. Viele müssen dazukommen, um nun auch noch die alternativ und nicht selten abseits der bekannten Kraftwerke produzierten Strommengen zu transportieren. Das kann unterirdisch geschehen statt überirdisch. Doch sind die Kosten dafür sehr viel höher, und noch ist nicht absehbar, was diese Form des Energietransportes für das Erdreich bedeutet.

Nur eines ist derzeit sicher: Es wird mehr Trassen geben, unter wie über der Erde, dazu auch mehr Windräder. Schon jetzt ist klar, dass die Wutgesellschaft hier ausgetestet wird.

Möglicherweise wird (oder sollte) die Energiewende dazu führen, dass eines Tages die Windkraftproduktion in Wohngebieten untersagt wird. Große Offshore-Anlagen vor der Küste sind vermutlich eher geeignet, Strom auf akzeptable Weise zu produzieren. Aber erstens sind auch hier viele technische Fragen völlig ungelöst – und zum anderen bleibt immer noch das Problem des Stromtransportes.

Die Wüsten der Erde empfangen in sechs Stunden mehr Energie von der Sonne, als die Menschheit in einem Jahr verbraucht. Heißt es. Wenn also dereinst der Solar-Strom aus den südlichen Kontinenten in die nördlichen Gebiete der Welt geliefert werden soll, wie zum Beispiel durch das Projekt »Desertec«, dann wird sich das Problem mit den Stromleitungen potenzieren. Die Auseinandersetzungen damit auch. Die Nimby Wars sind erst der Beginn großer, auch global auszutragender Interessenkonflikte.

Was zu Robert Niebach in die Uckermark zurückführt. Man kann Menschen wie ihn durchaus verstehen. Und warum sollten Windkraftanlagen nicht krank machen? Wie jede Technologie, die erst am Anfang steht, ist auch diese noch zu wenig erforscht. Aber andererseits ist eines nicht zu leugnen: Wenn wir nicht unter steinzeitlichen Bedingungen leben wollen, benötigen wir Energie. Wenn das nicht die Atomkraft als (eine übrigens mit Blick auf den Klimawandel saubere) Energieform sein kann, dann müssen alternative Konzepte erforscht, neue Technologien, Materialien und auch Wirtschaftsmodelle dafür gefunden, ausprobiert und getestet werden. Dafür braucht man Kühnheit, ein neues Denken, sehr viel Geld. Man muss etwas wagen, etwas wünschen, etwas wollen.

Es gibt hochinteressante Versuche mit horizontal gelagerten Windrädern auf Hochhäusern, die wie Schwungräder angetrieben werden. Es gibt Segel, die große Containerschiffe auf ihren Überfahrten unterstützen. Es gibt Ingenieure und Lehrstühle und Materialversuche. Das alles verdient ein positives Umfeld. Was wir aber gerade herstellen in Deutschland, das ist: ein geistiges Klima der Negation.

Nicht jetzt, nicht hier, nicht in meinem Hinterhof: Dieses Denken und Nichtwollen markiert das exakte Gegenteil von all dem, was heute eigentlich nötig wäre. »Der Beginn einer neuen Ära«, von der Chris Huhne sprach: Mit Wutbürgern und ihrer Egozentrik, die den eigenen Gartenzaun und die eigene Gegenwart verabsolutiert, ist diese Ära schon jetzt zum Scheitern verurteilt.

Im Schwarzwald soll zum Beispiel Deutschlands größtes Pumpspeicherkraftwerk entstehen. Soll. Könnte. Würde. Doch es ist Fiktion. Denn es kursiert im Schwarzwald auch ein Ansteckbutton, der jenem Atomkraft-nein-danke-Motiv der 1970er-Jahre verblüffend ähnlich sieht. Darauf ist ein stilisierter Speichersee zu sehen sowie die Andeutung einer gelben Sonne auf grünem Grund. »Pumpspeicher? Nein danke!« Und es kann gut sein, dass Deutschlands größtes Pumpspeicherkraftwerk vom Protest hinweggefegt wird.

Dabei sind Pumpspeicherkraftwerke wichtig für die Energiewende. Denn es sind die Energie-Speicher, wie sie immer dann nötig werden, wenn (wie es bei Sonnen- und Windenergie der Fall ist) die Produktion des Stroms naturgemäß nicht exakt kalkuliert werden kann. Wind und Sonne: Beides gibt es nicht immer und nicht überall, manchmal gibt es zu wenig davon, manchmal zu viel. Wenn also irgendwo Strom im Überschuss produziert wird, der zum Zeitpunkt seiner Herstellung gerade nicht im gleichen Maße nachgefragt wird, so kann dieser Strom in ein Pumpspeicherkraftwerk geleitet werden. Dort wird mit diesem Überschuss-Strom Wasser, das in einem Becken bereitgehalten wird, zu einem viel höher, etwa auf einem Berg gelegenen Speichersee gepumpt. Wird die Energie zu einem späteren Zeitpunkt benötigt, kann man das Wasser wieder ins Tal stürzen lassen. Dabei werden Turbinen angetrieben: Strom entsteht aus Wasserkraft.

Das wäre auch im Schwarzwald das Prinzip, weshalb hier zwischen Basel und Konstanz ebenjenes Pumpspeicherkraftwerk gebaut werden soll. Dazu müsste allerdings in das beschauliche Haselbachtal ein Becken gesprengt werden samt großem Damm. Klaus Stöcklin will das verhindern. Er ist Apotheker im Ruhestand. Wie Niebach gehört er zu den älteren Menschen in Deutschland.

Klaus Stöcklin besitzt oberhalb von Bad Säckingen in der Gemeinde Herrischried einen Alterssitz mit Alpenblick. In der Nähe soll das umstrittene Pumpspeicherkraftwerk erbaut werden. Nicht in meinem Hinterhof, mag sich Stöcklin denken. Aber er sagt es nicht. Er spricht stattdessen lieber vom Jahr 1356. Damals, am 18. Oktober 1356, wurde die Stadt Basel von einem Erdbeben heimgesucht. Acht Tage brannte die Stadt, es gab viele Tote. Die Häuser wurden zerstört. Das Epizentrum, so der Apotheker im Ruhestand, habe etwa dort gelegen, wo jetzt ein gewaltiger Stausee entstehen soll. Stöcklin: »Der Damm wäre vom Epizentrum nur 20 Kilometer entfernt.« Deshalb ist er dagegen. Aus Angst vor einem Erdbeben im Schwarzwald.

Das der Statistik nach wie oft vorkommen könnte? Alle tausend Jahre einmal.

Das ist Stöcklin egal. Denn es weiß ja niemand, wann diese tausend Jahre enden.

Dieses Argument ist es wert, unter die Lupe genommen zu werden. Denn es ist typisch für viele Argumente, die heute die Debatten beherrschen: Es spielt das Unwahrscheinliche nach vorne und bedient eine tief sitzende kollektive Angst vor der Apokalypse. Es ist schwer neurotisch.

Denn dann könnte man auch darauf verzichten, einen Baum zu pflanzen, sich ein Kind zu wünschen oder ein Haus zu bauen. Auch des Apothekers schöner Ruhesitz wäre betroffen, sollte ein großer Meteorit auf die Erde stürzen, um alles Leben auszulöschen. Wie oft das vorkommt? Alle 500 000 bis zehn Millionen Jahre ungefähr. Andere behaupten: alle vierzig Millionen Jahre.

Aber, nicht wahr, wer hat Recht? Wer weiß das schon ganz genau? Und wann enden die vierzig Millionen Jahre?

Stöcklin weiß das auch nicht. Allerdings muss man sich dann fragen, warum er sich in solch unsicherer Umgebung einen hübschen Altersruhesitz leistet. Die Stromversorgung der Zukunft jedoch kann ihm völlig egal sein. Das betrifft ihn nun mit Sicherheit nicht mehr. Unsere Kinder und Kindeskinder dagegen schon.

Ein Nimby ist auch Horst Seehofer. Dem bayerischen Ministerpräsidenten, der einmal ein bedeutender Fürsprecher der Atomkraft war, konnte nach Fukushima der Atomausstieg nicht schnell genug gehen. Aber wohin dann mit dem strahlenden Müll, der uns, Ausstieg hin oder her, noch lange Zeit beschäftigen wird? Egal. Beziehungsweise: »Ein Endlager wird es in Bayern nicht geben.« Das sei, ließ Seehofers Generalsekretär wissen, schon aus geologischen Gründen unmöglich. Zweierlei lässt sich daraus ersehen: Auch Politiker, Länder, Staaten und sogar Kontinente können Nimbys sein – mal sehen, wann wir unsere Probleme von der Erde aus ins Weltall delegieren. Und zweitens: Geologische Gutachten sind derzeit gefragt wie lange nicht.

Im Juli 2011 wurde im Deutschen Bundestag ein Gesetz beschlossen, das den Weg zur unterirdischen Speicherung von Kohlendioxid bereiten soll. Es geht um die sogenannte CCS-Technologie. Gemeint ist damit das Verfahren »Carbon Dioxide Capture and

Storage«, also das Auffangen von Kohlendioxid aus Verbrennungs-Anlagen und dessen Deponierung in unterirdischen Gesteinsschichten. Auf diese Weise soll verhindert werden, dass sich in der Atmosphäre immer mehr Treibhausgase anreichern. Denn Treibhausgase sind bekanntlich der Hauptgrund für die globale Erwärmung.

Gerade nach dem deutschen Atomausstieg (der zumindest für eine unbestimmte Übergangszeit die Emissionen der Kohlekraftwerke verstärken wird) und vor dem Hintergrund der im internationalen Vergleich ehrgeizigen deutschen Klimaziele bietet sich CCS als Technologie zur Zukunftsgestaltung an. Auch diese Technologie birgt Risiken. Dennoch müssen alle Bürger in Deutschland ein Interesse daran haben, die Vor- und Nachteile der unterirdischen Speicherung zugunsten nachfolgender Generationen gründlich abzuwägen. Das CCS-Gesetz ist deshalb enorm wichtig. Gemäß der Nimby-Philosophie, die Deutschland erfasst hat, wurde es aber, kaum beschlossen, auch schon sabotiert.

Vor allem das Land Schleswig-Holstein bestand auf einer Klausel, wonach jedes Bundesland die unterirdische Speicherung auf dem eigenen Territorium ausschließen kann. Auch Niedersachsen will vom Speichern nichts wissen – »mit Rücksicht auf Widerstände in der Bevölkerung« (»Süddeutsche Zeitung«). Im Kommentar der SZ ist, unter der bezeichnenden Überschrift »Klimaschutz? Woanders gerne«, zu lesen: »Das Gesetz über die unterirdische Speicherung von Kohlendioxid ... ist eine Verschwendung von Ressourcen und Papier ... Das ist bitter, nicht nur für den Klimaschutz. Einem Land, das so vehement gegen die Erderwärmung eintritt, hätte die Erforschung der zugehörigen Methoden gut angestanden – auch um ihre Grenzen kennenzulernen.« Und weiter: »Schon jetzt können Bundesländer und Kommunen über Planungs- und Umweltrecht ungeliebte Projekte mitgestalten, auch verhindern. Wenn sie sich dafür aber künftig eines pauschalen Vetos bedienen können, haben umstrittene Vorhaben in diesem Land keine Chance mehr.« Nimbys, überall.

Das Resultat dieser Gemengelage ist die Kapitulation der Politik. Ist die zunehmende Aufgabe der Errungenschaften der repräsentativen Demokratie zugunsten einer missverstandenen und nicht selten auch missbräuchlichen direkten Demokratie. So leben wir denn heute in einem Land, das sich von den Wutbürgern zunehmend die Politik austreiben lässt.

Stadtväter und -mütter, Bürgermeister und Stadträte, sie wollen vor allem wiedergewählt werden. Und angesichts des lautstarken Protests zahlloser Wutbürger, angesichts von Wahlergebnissen wie im Frühjahr 2011 in Baden-Württemberg, haben sie zunehmend Angst vor den Wählern. Deshalb wird mancherorts die Entscheidung darüber, was wo gebaut werden solle, bereits von Anfang an dem Souverän überlassen. So geschehen in Kleve, einer Stadt am Niederrhein. Dort stehen ein neues Rathaus und die Gestaltung eines Teils des Ortskerns zur Wahl. Die Bürger sollten, das war im Sommer 2009, über drei Varianten abstimmen. Erstens: ein kompletter Neubau; zweitens: Sanierung des alten Rathauses mit Anbau; drittens: eine einfache Sanierung. Zu diesem Zweck wurden bereits fertige, von Architekten entworfene Ansichten und Perspektiven ausgestellt. Der Bürgermeister sagte: »Wir wollen möglichst viele Klever Bürger für die Abstimmung mobilisieren.«

Überall in Deutschland geht die Angst um, die Bürger könnten sich nicht genügend einbezogen fühlen in die Planungen. Dabei ist kaum etwas so auf Transparenz und Beteiligung ausgelegt wie der Städtebau in Deutschland. Bei jedem Kreiselverkehr, der eingerichtet werden soll, und bei jeder Bushaltestelle, die verlegt werden soll, gibt es Anhörungstermine, offene Planunterlagen, Finanzierungsdetails und vielfältige Möglichkeiten, sich dafür oder dagegen auszusprechen. Das ist seit Jahrzehnten geregelt in Deutschland, nur wurden bisher solche Möglichkeiten meist kaum wahrgenommen.

Doch in Kleve war man vorsichtig. Der Bürger ist ja so unberechenbar geworden, Wutanfälle sind schließlich launenhaft und kündigen sich nicht an. Wer kleine Kinder hat, der weiß das. Kleve hatte also Flyer verteilt und Informationsveranstaltungen organisiert. Die 50 000 Einwohner wurden auf diese Weise zu

50 000 Bauherren, die an die Stelle des eigentlichen Bauherrn traten. Sie sollten darüber befinden, wie Kleves Innenstadt in Zukunft aussehen soll. An einem prominenten Ort. Normalerweise würde man dafür einen Architektenwettbewerb organisieren und eine Jury über die eingereichten Entwürfe befinden lassen. Aber so wie die Expertise in Zeiten des Internets von User-Bewertungen verdrängt wird, so wird auch der architektonische und stadträumliche Sachverstand mittlerweile immer öfter an die Allgemeinheit delegiert. Geschmacksurteile treten an die Stelle von Fachwissen. Architektur und Städtebau werden immer öfter als Plebiszite betrieben.

Man kennt das vom Computerspiel SimCity, mit dem man die Gründung und Evolution einer Stadt simulieren kann. Und über Straßen, Schienen, Strom- und Wasserversorgung entscheidet. Aber Stadtplanung ist kein Spiel: Es ist ein überaus komplexes In- und Miteinander vieler verschiedener Fachdisziplinen. Wo über das Gemeinwohl entschieden wird, sind persönliche Geschmacksurteile fehl am Platz.

Ähnlich demokratisch wie in Kleve geht es auch in Hamburg zu (Domplatz), in Berlin (Tempelhof) oder in München, wo der Standort der Allianz-Arena in der Allgemeinheit erfragt wurde. Mittlerweile hat er sich als schlecht erschlossen herausgestellt. Und in Kleve haben sich die 50 000 Bauherren für die billigste Variante, die Sanierung entschieden. Die hat sich mittlerweile als teuerste Lösung herausgestellt. Dennoch:

Die Mitmachstadt boomt. Ein jeder fühlt sich berufen, über Rathäuser, Bahnhöfe oder Flughäfen zu befinden. Notfalls auch ohne das dazu nötige Wissen.

Kein Wunder, dass das Denkmal der Einheit, das für Berlin geplant ist, von der »Bild«-Zeitung per Leserumfrage gesucht wurde. Weil die Zeitung der Ansicht war, dass der von einer Jury mit dem ersten Preis gekürte Entwurf schlecht sei, wurden die Leser aufgerufen, eigene Entwürfe einzureichen, über die man dann per TED-Entscheid am Telefon abstimmen könnte. Das ist die Zukunft: Die Stadtplanungsbehörden werden durch »Bild«-Redakteure ersetzt. Die sind näher dran am Volk. An jenem Volk, vor dem man sich offenbar fürchten muss.

In München hat unlängst das Baureferat eine »Anliegerinformation« im großen Stil verteilt. Betreff: »Kronensicherungsschnitt an einer ortsbildprägenden Kastanie in der Hans-Sachs-Straße«. Man teilte mit: »Sehr geehrte Damen und Herren, sehr verehrte Anlieger, in der Hans-Sachs-Straße musste in den letzten Jahren aus Sicherheitsgründen wiederholt eingekürzt und zurückgeschnitten werden…« Und weiter: »…da für Laien die Gründe solcher massiven Eingriffe oft nicht erkennbar sind«, sollen nun Experten vor Ort aufklären. Man hatte schlicht Angst vor dem nächsten Wutanfall. Eine Kastanie, die wie jeder Baum hin und wieder zurückgeschnitten wird, vermag offenbar auch München 21 auszulösen.

In Zukunft wird man in deutschen Städten noch öfter Flyer, Anliegerinfos und TED-Umfragen der »Bild«-Zeitung erleben. Der Wutbürger ist an der Macht. Die Städte geben sich geschlagen. Die Politik ebenso. Und mit ihr die repräsentative Demokratie.

Nein, die Demokratie ist in der Bundesrepublik noch nicht auf breiter Front in Gefahr. Richtig ist aber, dass sie als Staatsform in Deutschland an Ansehen verliert. Einer zugegebenermaßen etwas alarmistischen Umfrage zufolge soll sich mittlerweile sogar ein ganzes Drittel der Bundesbürger innerlich von der Demokratie verabschiedet haben. Aber richtig ist auch, wie der Philosoph Otfried Höffe in seinem ironisch betitelten Aufsatz »Früher war alles besser« über diese Umfrage schreibt, dass »sechs Jahrzehnte gelungener Demokratie auch deutschen Demokraten erlauben sollten, auf irritierende Umfragen gelassen zu reagieren«.

Dennoch: Die Demokratie verändert sich in Deutschland insofern, als die repräsentative Demokratie mehr und mehr einer direkten Demokratie weicht. Der Unterschied: In der repräsentativen Demokratie werden Entscheidungen von gewählten Volksvertretern getroffen, in direkten Demokratien dagegen vom Volk selbst. Und zwar in Form von Bürgerentscheiden, Volksentscheiden, Bürger- oder Volksbegehren. Es gibt viele Worte für die politisch-strukturelle Konsequenz eines nun vorherrschenden Gefühls, das auf den Satz hinausläuft: »Wir sind das Volk!« Gemeint ist: Wir entscheiden.

Seit Mitte der neunziger Jahre hat sich die Zahl der kommunalen Begehren und Entscheide verdreifacht.

Heribert Prantl spricht in der »Süddeutschen Zeitung« deshalb von der »Zweispurigkeit« der Gesetzgebung: »Auf den breiten Straßen des Bundes und der Länder verkehren die Volksvertreter. Und auf den Bürgersteigen verkehren die Volksbegehrer. Manchmal knistert es im Verhältnis zwischen repräsentativer und direkter Demokratie. Diese Knisterei signalisiert Spannung – aber die Demokratie braucht Spannung, sonst schläft sie ein.« Prantl begrüßt die Verschiebung der Machtverhältnisse in Richtung direkter Demokratie. Er begrüßt »die neue Bürgerwehr«. Jene Menschen, die noch von Franz Josef Strauß in der bekannt gewordenen Sentenz »Vox populi, vox Rindvieh« eher als Stimmvieh statt als »Volkes Stimme« beschrieben wurden, hätten sich zu Recht abgewendet von den Volksvertretern, um selbst über das Schicksal des Gemeinwesens zu bestimmen. »Wir sind das Volk«: Dieser Hinweis taucht denn auch auf bei all den zunehmenden Wut-Versammlungen, in denen Vorhaben gestoppt werden sollen. Sei es der Bau eines Bahnhofs oder der von Sozialwohnungen.

Und genau darin liegt die Gefahr der direkten Demokratie, die vor allem jenen dient, die sich lautstark engagieren – und die sich zur Mehrheit erklären, auch wenn sie damit vielleicht die Interessen einer viel größeren schweigenden Mehrheit übergehen. Eine weitere Gefahr besteht darin, dass Entscheidungen mehr von

Gefühlen und Ressentiments bestimmt werden als von Fakten und von Argumenten. Denn Gefühle äußern sich unmittelbarer, direkter. In Zeiten der Angst können solche Beweggründe gefährlich werden. Und die in diesem Zusammenhang so oft beschworene Schweiz, das Mutterland der direkten Demokratie, hat zuletzt eine Abstimmung gegen Minarette erlebt, die kaum mehr zu unterscheiden ist von einer Abstimmung gegen Minderheiten.

»Das Plebiszit ist nicht per se gut«, schreibt daher Heribert Prantl. »Wenn eine Mehrheit der Bürger die Todesstrafe gutheißt, besagt das nicht, dass die Todesstrafe auch richtig ist. Mehrheit ist nicht gleichzusetzen mit Wahrheit, Richtigkeit und Verfassungsmäßigkeit.«

Schon das Wort von der neuen Bürgerwehr ist vieldeutig. Diese Bürgerwehr, die sich in der Tradition der Revolution von 1848/49 sieht, als das Bürgertum gegen die Monarchie aufbegehrte, wehrt sich ja nicht nur gegen das Rauchen (in Bayern), verhindert nicht nur eine Schulreform (in Hamburg), diese neue Bürgerwehr legt nicht nur Straßenbauprojekte lahm und erlässt Hochhaus-Richtlinien. Sie bringt, auf Bundesebene, auch Gesetze auf den Weg und stoppt andere. Die neue Bürgerwehr ist machtvoll.

Sie hätte schließlich auch die Macht, die Demokratie selbst abzuschaffen.

Und deshalb hatten die Begründer des Grundgesetzes Bedenken gegen die Mittel der direkten Demokratie. Sie hatten Angst vor einem Volk, das zuletzt einem Führer Treue bis in den Tod (den eigenen und auch den aller anderen) geschworen hatte. Die repräsentative Demokratie repräsentiert somit durchaus auch etwas Negatives: das Misstrauen dem eigenen Volk gegenüber. Ist das aber so falsch? Dass die repräsentative Demokratie das Volk auch vor dem Volk schützen möchte? Und ist die direkte Demokratie schon deshalb so richtig, weil in ihr das Volk selbst die Souveränität, über die Politik zu gebieten, ausübt? Unabhängig von Repräsentanten aller Art, ob Experten, Politiker oder andere, die lediglich alle vier Jahre beauftragt, bestätigt oder eben abgewählt werden?

Womöglich hat die Politik zu oft das Wort »alternativlos« gebraucht in den letzten Jahren. Ganz sicher sind Experten oft weit weg von der Lebenswirklichkeit der Menschen. Und sicher sind Politiker wie die Vertreter der Wirtschaft oft im Unrecht – bis hin zu eindeutiger Korruption. Aber deshalb leben wir noch lange nicht in einer Bananenrepublik, deshalb leiden wir noch lange nicht unter einem Terror-Regime – und deshalb muss noch lange nicht richtig sein, was als richtig von der Mehrheit empfunden wird. Das gilt auch für die direkte Demokratie, die sich in Deutschland im Gegensatz zur repräsentativen Demokratie noch nicht sechzig Jahre lang bewährt hat.

In der Stunde der Wut scheint sie zwar das politische Modell zu sein, das der aktuellen Stimmungslage am ehesten entspräche, weil es sowohl der neuen

Lust an der Partizipation entgegenkäme wie auch der Unlust und Verdrossenheit, die der politischen Kaste entgegenschlägt. Aber die immer öfter erhobene Forderung nach totaler, direkt-demokratischer Mitbestimmung und politischer Teilhabe, also auch jenseits der Wahlmechanismen und auf Bundesebene, führt dennoch in die Irre. Zum einen gibt es die Möglichkeit der Volksentscheide auf kommunaler Ebene und auf der Ebene der Länder. Davon wird schon lange Gebrauch gemacht. Die Bürgersteige, von denen Prantl spricht, sind gut ausgebaut. Sie sollten aber nicht zu Autobahnen ausgebaut werden, auf denen Bundesgesetze gemacht werden.

Dass Heiner Geißler, der »Schlichter von Stuttgart«, die Übernahme des Schweizer Modells in seinem Schiedsspruch zu Stuttgart 21 empfohlen hat, hat sogar die Schweizer erstaunt. Die »Neue Zürcher Zeitung« schrieb von einer »naiven Euphorie Deutschlands für Plebiszite«.

Richtig kann es sein, die Bürger früher und stärker zu beteiligen, gerade bei großen Infrastrukturprojekten, um so eindeutigere Mehrheiten herauszubilden und für Transparenz zu sorgen. Falsch wäre es aber, über Hartz IV, die Zukunft der Ost-Förderung oder die der Bundeswehr abstimmen zu lassen. Oder über die Rente mit 67, die dann schon bald eine mit 57 wäre.

Das Beispiel Kalifornien lehrt, dass aufgebrachte Bürgerwehren die Legislative auf Jahre blockieren und schließlich auch ein einst prosperierendes Gemeinwesen in den Ruin treiben können. Und das Beispiel Drittes Reich zeigt, dass nicht immer Volk drin ist, wo Volk draufsteht. Das Misstrauen dem eigenen Volk gegenüber kann volkserhaltend sein. Denn Bürgerentscheide sind, auch wenn sie sich als genuin demokratisch gerieren, zuweilen zutiefst undemokratisch. Das Plebiszit ist eine Zutat, ein Korrektiv zu guter Politik. Ersetzen kann es diese Politik nicht. Die Euphorie der Wut-Entscheide ist genau das, was man in der Schweiz davon hält: Sie ist naiv.

4. Die große Angst

Fight or flight. Im Reich der Instinkte gibt es grundsätzlich zwei Möglichkeiten, auf Gefahrensituationen und die dadurch ausgelösten Ängste zu reagieren: Flucht oder Angriff.

In unserer Gesellschaft verbietet sich allerdings oft beides. Nicht alles, was einen ängstigt, lässt sich durch Flucht regeln. Und den Angriff untersagt meist das Strafrecht.

Wie also umgehen mit der Angst, die es in allen möglichen Varianten gibt? Es gibt die Angst vor Spinnen, die vor dem Fliegen, die vor dem Versagen, die vor dem Tod, die vor Armut, Alter und Krankheit – und sogar die Angst vor der Angst gibt es als »Angstsensitivität«. Es gibt die Angst des Individuums und jene der Gemeinschaft.

Und es gibt die Wut als Kehrseite der Angst. Und das bedeutet: Wer die Wutgesellschaft begreifen möchte, muss ihre Ängste kennen.

Dort, wo die Angst herrscht, wo sie nicht aufgelöst werden kann und sich auf Dauer einnistet, dort wachsen auch die Aggressionen. Das ist vielleicht auch eine Erklärung für die Konjunktur der Wut gerade in unserer Zeit. Denn die Wut ist so etwas wie die kleine böse Schwester der Angst: Sie ist eine Art Ventil, eine

Möglichkeit, sich zwischen den entweder nicht gebotenen oder verbotenen Reflexen Flucht und Angriff Luft zu verschaffen. Die Angst ist eine Notwendigkeit, ein Grundgefühl. Schon evolutionsgeschichtlich ist sie bedeutsam als Schutzmechanismus und Warn- oder Alarmsystem. Es gibt aber auch den Fehlalarm, die grundlose Angst, die Hysterie.

Womöglich also ist die Ausbreitung des Wutbürgertums, wie sie derzeit zu beobachten ist, kein Zufall, denn wir leben in einer Epoche der Angst und der Hysterie. Jedenfalls gilt das für Deutschland, ein Land, das sich mit einer Regelmäßigkeit, die fast schon ihrerseits besorgniserregend sein könnte, in Umfragen und Studien als besonders angstanfällig zeigt. Wir haben Angst vor Strommasten, Windrädern oder einem schlechten Karma. Wir haben Angst vor der Schweinegrippe und dem EHEC-Virus, vor Dioxin-Eiern und dem Rinderwahnsinn BSE. Wir haben Angst vor Immigranten und der Jugendkriminalität. Wir haben Angst vor den Piraten vor Somalia und dem internationalen Terror. Wir haben Angst davor, dass der Euro die Deutschen ruiniert. Wir haben sogar vor dem Bahnfahren Angst. Eine Forsa-Umfrage kam im Jahr 2008 zu dem Ergebnis, dass sich 42 Prozent der Deutschen im Auto am sichersten fühlen. Also im nachweislich unsichersten Beförderungsmittel, das für die meisten Unfälle verantwortlich ist.

Deutschland ist Weltmeister in Sachen Angst. Und die Vermutung liegt nahe, dass dies eine ganze Menge mit dem immensen Wohlstand unseres Landes zu tun hat. Denn Ängste gedeihen vor allem dort, wo viel zu verlieren ist. Wie zum Beispiel in Deutschland: Gerade weil wir uns als eines der reichsten und sichersten Länder der Welt nicht so viele Sorgen machen müssten, machen wir uns paradoxerweise unentwegt die allergrößten Sorgen.

Hinzu kommt, dass wir in einer zunehmend überalterten Gesellschaft leben. Ein Geschenk der Jugend ist ihre Unbekümmertheit, ihre Gabe, sich vergleichsweise wenig zu ängstigen. Angst entsteht auch aus Erfahrung. Ältere Menschen ängstigen sich daher häufiger und intensiver als jüngere Menschen. Deutschland aber ist die »Rentner-Demokratie« (Roman Herzog), ein Reich der Sorgen.

Dazu passt die Altersstruktur des neuen Wutbürgertums: Wer all die Berichte und Reportagen über aktuelle Bürgerinitiativen in den Zeitungsarchiven studiert, dem fällt auf: Die Wut scheint ein Privileg der älteren Menschen zu sein.

Das Hamburger Institut für Sozialforschung veröffentlichte im Februar 2011 den Bericht »Stuttgart 21 reflexiv. Gesellschaftstheorie eines lokalen Ereignisses«. Darin erörtert Wolfgang Kraushaar die Frage, wer hinter den Protesten steht. Er kommt unter anderem zu dem Ergebnis, dass die 40- bis 64-Jährigen zu 62 Prozent den Stuttgart-Protest am Laufen halten – obwohl diese Altersschicht an der Gesamtbevölkerung nur einen Anteil von 36 Prozent hat. Auch andere Untersuchungen weisen nach, dass paradoxerweise ausgerechnet diese Altersschicht, die geprägt ist von den Erfahrungen der Studentenbewegung von 1968, überproportional repräsentiert ist bei den Protestzügen der Gegenwart. Nur dass es diesmal nicht wie Ende der sechziger Jahre um Veränderung geht, sondern um das genaue Gegenteil: um die Bewahrung des Status quo.

Dem Theologen Eugen Biser zufolge ist der Unglaube keineswegs der Gegensatz zum Glauben. Der Gegensatz des Glaubens sei vielmehr die Angst.

In übertragenem Sinne kann man auch sagen: Das Gegenteil der Hoffnung ist die Angst. Wer an das Künftige nicht glauben kann, verliert sich in der Angst. Und hier geht die Angst eine gefährliche Verbindung mit dem Einfach-nur-dagegen-Sein des modernen Wutbürgertums ein. Angst und Wut sind unheilige Geschwister im Geiste, und sie haben das gleiche Interesse: die Abwehr von Veränderungen, die Sicherung und Bewahrung des Bestehenden, das Verlangen, sich in einer biedermeierlich heilen Welt einzunisten. Angst und Wut sind die Kinder des Kleinmuts und die Antagonisten des Fortschritts. Wenn wir uns ihnen überlassen, werden wir unsere Zukunft verspielen.

Deutschland im Jahre 2011: Das ist ein ängstliches Land, das auf Neues und Veränderungen mit Ablehnung, Empörung, Wut reagiert.

Es ist ein müdes Land, das geprägt ist von Saturiertheit, Trägheit und Visionslosigkeit.

Es ist ein depressives Land, das seinen Optimismus verloren hat und voller Misstrauen und Bedenken ist.

Deutschland im Jahre 2011: Das ist ein greises Land – ängstlich, müde, depressiv.

Deutschland im Jahre 2011: Das ist ein Land, das auf dem besten Wege ist, sich um seine Zukunft zu bringen – und um die Zukunft seiner Kinder.

Deutschland ist für seine Angst so berühmt, dass für diese Befindlichkeit gar ein eigener Begriff erfunden wurde: die »German Angst«, für die wir leider sehr viel bekannter sind als etwa für die »German Zuversicht«.

Diese Angst hat viele Gesichter, und ihr extremstes, wenn auch nicht ihr erschreckendstes, ist die Angst vor der Apokalypse.

Einer der ersten Weltuntergänge soll von Jesus selbst vorhergesagt worden sein: »Wahrlich, ich sage euch: Es stehen hier einige, die werden den Tod nicht schmecken, bis sie sehen das Reich Gottes kommen mit Kraft.« Unglücklicherweise wurde dieses »bis-sie-sehen« nicht näher erläutert. Beziehungsweise: Es geschah zum ausgesprochenen Glück jener Generationen von Weltuntergangspropheten, die bis heute mit finanziellem Vorteil daran arbeiten, die schrecklichen Folgen der Überlieferung immer wieder neu zu datieren. Denn seit dieser ersten Prophetie (30 n. Chr.) gab es immer wieder neue Koordinaten, neue Weltuntergänge und neue Apokalypsen.

Die Apokalyptik dürfte zum ältesten Gewerbe der Welt zählen und hat sich stets als krisenfest erwiesen. Es ist eine echte Boom-Branche. Man wünschte, man wäre diplomierter Apokalyptiker und könnte gelegentlich die Zeitenwende vorhersagen. Oder das Gottesgericht. Oder wenigstens das Ende der Geschichte. Oder immerhin noch Krieg, Hungersnöte, Seuchen, Siechtum und das Ende der FDP.

Apokalypse geht immer. Ist die Zeit, in der man lebt, recht erbärmlich, kann das Ende nur vor der Tür stehen. Ist die Epoche aber glorreich, so kann ebenfalls nur das Ende vor der Tür stehen. Vielleicht sind Menschen einfach nicht als optimistische Wesen gedacht.

Ein frühes Ende fand die Welt schon im Jahr 500 nach Christi Geburt. Der römische Kirchenschriftsteller Hippolytus hatte errechnet, dass die Erde 5500 v. Chr. erschaffen wurde, leider aber nur eine Verfallszeit von 6000 Jahren habe. Ein halbes Jahrtausend später überlebte die Welt nur mit Hilfe des mächtigsten Mannes seiner Zeit. Das war Kaiser Otto III. Er kroch auf dem Bauch herum, um dadurch das für das Jahr 1000 vorhergesagte Jüngste Gericht zu verhindern. Es gelang ihm. Das Jüngste Gericht ließ mit sich reden.

Allerdings nur 1000 Jahre lang. Kaum war es 2000, schon stand die Welt erneut vor dem Aus. Das Weltende, das womöglich ein neurotisches Verhältnis zu Zahlen pflegt, hatten zur Jahrtausendwende vorhergesagt: Jack van Impe, Elisabeth Tessier, die Zeugen Jehovas, Edgar Cayce, Jeanne Le Royer, Bischof Hugh

Latimer, Isaac Newton und der deutsche Untergangs-prophet Hans Jürgen Ewald.

Kein Wunder, dass sich Endzeitromane und Kata-strophenfilme beim Publikum großer Beliebtheit er-freuen.

»Planet der Affen«, »Waterworld«, »Matrix«, »Deep Impact«, »The Day After Tomorrow«, »2012«: Das sind die Filme, die auf die eine oder andere Weise vom Weltuntergang erzählen. Das Ende naht darin in Form von Meteoriten. Oder weil die Sonne verrücktspielt. Oder der Mensch, der – wie in der Trilogie »Matrix« – so viel Unheil auf Erden anrichtet, dass er von intelli-genten Maschinen entmachtet wird.

In den USA gibt es inzwischen denn auch eine ganze Bewegung von Menschen, die sich nicht länger für die Bewältigung unserer akuten globalen Herausforderun-gen interessieren, vor denen wir stehen, für Klimawan-del, Ressourcenschwund oder Finanzkollaps; diese Be-wegung plant schon für den Tag danach. Nicht um die Abwendung der Krise geht es ihnen, sondern darum, nach der Krise zu überleben. Sie heißen »Collapsitari-ans«. Der Name stammt von Howard Kunstler, einem bekannten »Doomer«, wie die Propheten des Unter-gangs auch genannt werden. Die Kollaps-Bücher hei-ßen »Die überflutete Erde«, »Plan C« oder schlicht »Danach«.

Manchmal könnte man das Gefühl haben, dass wir nicht nur in der Ära ungeahnter globaler Herausfor-derungen leben, sondern vor allem in einer der Angst.

Wie in dunkler Vorzeit haben immer mehr Menschen nicht nur Angst davor, dass ihnen der Himmel auf den Kopf fallen könnte. Sie haben auch Angst vor der Erde, die sie bewohnen. Sie haben Angst vor allem und jedem.

In der Film- wie in der Buch-Branche gibt es eine goldene Regel, was das Thema »Suspense« angeht. Sie lautet: Fange mit einer Flutwelle, einem Erdbeben, einem Vulkanausbruch oder einem Meteoriteneinschlag an – und steigere dich dann allmählich. Insofern muss man sich bei den Apologeten des Untergangs bedanken: Sie schüren nicht nur die Angst, sie versuchen nicht nur, davon zu profitieren, nein, sie machen unser Leben erst richtig spannend. Mehr dazu am 21. Oktober 2011, am 21. Dezember 2012 oder noch etwas später, in etwa fünf Milliarden Jahren. Dann wird die Sonne zunächst explodieren, dann erkalten – und dann tot sein. Und mit ihr unser Sonnensystem. Spätestens dann werden die Doomer und Angstmacher von sich behaupten können: »Haben wir ja immer gesagt!« Leider, muss man sagen, gibt es dann auch die selbsternannten Propheten des Untergangs nicht mehr.

In einem bekannten Katastrophenfilm jagt zu irgendeinem Zeitpunkt des Untergangs ein Jeep durch die beinahe schon zerstörte Stadt. Auf der Straße sieht man einen zottelbärtigen Mann. Er sieht aus wie die Karikatur eines »Doomers«, und er schwenkt ein Pappschild, auf dem steht: »Das Ende ist nah«. Einer der Insassen des Jeeps sagt daraufhin: »Das Schlimme ist, dass es ausgerechnet solche Typen wie der da draußen die ganze Zeit wussten.«

Die Typen da draußen: Sie haben Hochkonjunktur. Auch in Deutschland. Und hier vor allem in jüngster Zeit.

Die Endzeitbeschwörungen, die Angst vor der Apokalypse, sie wären vielleicht als harmlose esoterische Kuriositäten zu belächeln, wenn sie nicht unser Denken längst schon infiziert hätten. Wenn sie nicht den Grundton angeben würden für die spezifisch deutsche Neigung zur Hysterie, für die Versuchung, bei Naturkatastrophen und technischen Desastern immer gleich die Apokalypse an die Wand zu malen. Augenmaß, Differenziertheit, rationales Abwägen von Handlungsoptionen sind, wenn man alles und jedes zur Heimsuchung von apokalyptischem Ausmaß erklärt, ebenso wenig mehr möglich wie die Suche nach langfristig vernünftigen Lösungen. Vielmehr bleiben nur Schockstarre und Panik – nicht unbedingt die besten Ratgeber in Krisenzeiten.

Dies zeigt sich anschaulich an der deutschen Reaktion auf das Erdbeben und den Tsunami in Japan und auf deren Folgen, namentlich in Fukushima. Von alters her haben die Menschen, aus dem Wasser stammend, aber auf dem Land lebend, Angst vor den Naturgewalten. Davor, dass die Erde beben könnte. Davor, dass verheerende Stürme aufziehen oder Feuersbrünste ausbrechen. Und sie haben Angst vor dem Wasser, das so majestätisch sein kann und doch so unberechenbar. So wie am 11. März 2011, als erst das stärkste Erdbeben seit Menschengedenken das Land erschütterte und dann ein gigantischer Tsunami mit dem Tempo eines Jumbos auf die Küste zuraste und alles zerstörte, was immer sich ihm in den Weg stellte: Küstenstädte, Häuser und Atomkraftwerke.

Was in Japan an jenem 11. März 2011 geschah, rührt daher, unabhängig von all der Zerstörung und all dem Leid, das es hervorbrachte, an die Urängste des Menschen. Die Bilder, die schon kurz nach dem Beben in den Medien wie im Internet kursierten, sie waren die Bilder einer grausamen Heimsuchung. Einer Heimsuchung, die noch potenziert wurde durch die Schäden, die sie vor allem an den Atommeilern von Fukushima anrichteten und durch den dadurch ausgelösten Super-GAU. Es sind Schäden an Mensch und Natur, die bislang kaum zu bilanzieren sind. Noch in der fernsten Zukunft werden die Schadensberichte immer wieder neu zu schreiben sein, und sie werden nicht allein aus Zahlen bestehen. Im »SPIEGEL« meldete sich in den Tagen des Unglücks ein Leser auf diese Weise zu Wort: »Wer die sintflutartigen Monsterwellen sah, alles fressend, Land und Städte, Mensch und Tier, wer die Reaktoren explodieren sah, höllisches Feuer im Innern, Angst auslösend, der kann nur sagen: ›Apocalypse now!‹« Tatsächlich erinnerten die Bilder an die Beschwörungen der Apokalypse in Katastrophenfilmen, mehr noch aber an das Gemälde »Triumph des

Todes«, das Pieter Bruegel der Ältere in der Mitte des 16. Jahrhunderts gemalt hat. Ströme von Blut sind darauf zu sehen, dazu Berge von Leichen, Feuersbrünste und eine Welt am Abgrund. Ijoma Mangold schreibt in der »ZEIT« dazu: »Es ist ein erstaunliches Paradox: Eigentlich ist die Apokalypse ein Phantasma aus unaufgeklärter Zeit. Doch erst heute wird sie mit den Mitteln der technologischen Moderne konkret. Angst- und Schreckensszenarien des Mythos erfahren ihr technologisches Update.«

Die Aufnahmen aus Japan lösten eine Welle der Empathie aus. Aber es sollte nicht dabei bleiben. Denn mit dem Tempo eines Tsunami breitete sich auch die »German Angst« aus und nahm rasch Züge von Hysterie an. Sicher: Die Bilder aus Japan verstören zutiefst. Das Kleinkind mit der hellblauen Mütze, das die Arme heben muss, als würde es gleich verhaftet werden; davor kniet ein Mann, der das Strahlenmessgerät auf den Körper des Kindes wie eine Pistole richtet. Oder das Fährschiff, das auf dem Dach eines zweigeschossigen Hauses gestrandet ist, in der Stadt Otsuchi, die so aussieht, als sei sie in eine gigantische Häckselmaschine geraten. Oder die Frau mit roten Haaren und nackten Beinen, die in der vollkommen zerschmetterten Stadt Natori am Straßenrand neben einem Gummistiefel sitzt und vom Weinen und Schluchzen geschüttelt wird.

Es gibt kaum jemanden, bei dem solche Bilder nicht Bestürzung auslösten. Oder Angst, Trauer, Mitgefühl,

Sprachlosigkeit. Bei vielen Deutschen lösten sie aber noch etwas anderes aus: gedankenlose Übertreibungen und blinde Hysterie. Das zeigte sich beispielsweise an jenem T-Shirt, das ein Zuschauer der Talksendung »Anne Will« trug. Unmittelbar nach der Katastrophe im März 2011. »Fukushima ist überall« war darauf zu lesen. Und die Kameras hielten immer wieder drauf. Fukushima ist überall. Überall. Überall. Man konnte sich der Bildmächtigkeit dieses T-Shirts nur schwer entziehen.

Was für ein Wahnsinn: In Japan sterben die Menschen, aber in Deutschland behaupten T-Shirts, das Sterben sei auch hier ein Problem. Und wenn nicht das Sterben, so doch die Gefahr. »Nach dem GAU in Japan: Auch Erfurter haben Angst vor der Zukunft«: Das war in der »Thüringer Allgemeinen« zu lesen. Und dem Radiosender »Bayernwelle« wurde von einem Mitarbeiter der Strahlenabteilung am Klinikum Traunstein bestätigt: »Ja, die Nachfrage nach Jodtabletten steigt deutlich an.« Auch wenn in Deutschland die radioaktive Belastung als Folge der Natur- und Technik-Katastrophen in Japan nachweislich nicht ernsthaft anstieg, so stieg doch sofort die Nachfrage nach Jodtabletten. Und zwar »deutlich«.

So wie auch die Nachfrage nach News und »Brennpunkten«, nach Sondersendungen und Stellungnahmen, nach Expertisen, Vermutungen, Spekulationen. Und die Nachfrage nach Bildern, Bildern, Bildern. Die Medienmaschine war nicht zu stoppen und produzierte das tägliche Update eines Produktes, das die Nachfrage nicht stillt, sondern erst hervorbringt.

Hier ein Horror-Tagebuch der »Zuspitzungen«:

»Die Lage am beschädigten japanischen Atomkraftwerk Fukushima 1 spitzt sich dramatisch zu.«
Spiegel online am 12. März 2011

»Am Wochenende hat sich die Lage in Japan dramatisch zugespitzt.«
Münchner Merkur am 14. März

»Die Krise in Fukushima spitzt sich immer weiter zu – und selbst der Premierminister erfährt vieles nur aus dem Fernsehen.«
Tagesspiegel am 16. März

»Fukushima: Lage spitzt sich zu.«
RTL am 21. März

»Trotz aller Dauereinsätze im Kampf gegen die Kernschmelze hat sich die Lage am Atom-Wrack zugespitzt.«
Salzburger Nachrichten am 24. März

»Zwei Wochen nach dem Reaktorunglück hat sich die Lage zugespitzt.«
Tagesspiegel am 26. März

»Lage in Fukushima spitzt sich zu: Super-GAU schon da?«

Frankfurter Neue Presse am 27. März

»Das Drama um Kraftwerk Fukushima hat sich nochmals zugespitzt.«

Manager Magazin am 28. März

»Japan-Drama spitzt sich zu.«

Bild.de am 29. März

Übrigens: Auf »sueddeutsche.de« spitzte sich zwischenzeitlich die Lage nicht nur zu, sie »eskalierte« sogar.

Vielleicht muss man angesichts der Tatsache, dass zumindest ein medialer Tsunami über Deutschland hereingebrochen ist im Frühjahr 2011, jene Mitarbeiter verstehen, die sich am Münchner Flughafen weigerten, die Koffer aus einem soeben aus Japan gelandeten Flugzeug zu bergen. Aus Angst vor Verstrahlung. Und vielleicht tat der Meteorologe nur seine Pflicht, als er noch am Abend der ersten »Zuspitzungen« vor der Wetterkarte des Fernsehens stand, die Entfernung von Deutschland nach Japan korrekt mit etwa 9000 Kilometern angab und die Gefahr eines radioaktiven Fallouts über Hamburg als doch »sehr unwahrscheinlich« bezeichnete. Vielleicht waren auch die vielen Berichte über lange Jahre zurückliegende Beinahekatastrophen in deutschen AKWs nur der Informationspflicht geschuldet. Und vielleicht war es einfach unfair, dass ausländische Journalisten nach Hause berichteten, dass sich nun, nach der Katastrophe in Japan, private Atomschutzbunker in Deutschland wieder bestens verkauften und dass Geigerzähler vergriffen seien.

Nur wenige Wochen nach Fukushima wurde in München denn auch das Buch »Restrisiko« veröffentlicht. Das Buch beantwortet für Deutschland Fragen, die in Japan relevant sind: »Darf ich lüften, oder muss ich jetzt meine Fenster abdichten?« Oder: »Trägt mein Tier die Strahlenpartikel in seinem Fell nach draußen?« Oder: »Darf ich mein Auto noch in der Garage parken, oder ist die Garage dann kontaminiert?« Letzteres wird so beantwortet: »Wollen Sie bei zunehmender Strahlung eine Kontaminierung Ihres Hauses vermeiden, weil sich Ihre Garage im Haus befindet, dann lassen Sie das Auto vor der Tür stehen und fahren Sie nach kontaminierten Niederschlägen zuerst durch die Waschanlage. Doch bisher sind solche Vorkehrungen in Deutschland nicht nötig.«

Die Betonung liegt auf: bisher.

Kontaminiert schien aber auch die Politik, in der es mit einem Mal nur so von Atomkraftgegnern wimmelte. Mit deren Hilfe war er dann plötzlich da: der Atomausstieg in Deutschland. Nur wenige Wochen nach dem Unglück erlebte das staunende Publikum einen schwarz-gelben Atomausstieg, der vorsieht, dass das letzte der deutschen Atomkraftwerke, Neckar-westheim 2, bis zum 31. Dezember 2022 vom Netz ge-hen soll. Also 13 Jahre früher als zunächst von Union und FDP geplant, die ja erst Monate zuvor die Lauf-zeiten verlängert hatten. Damals noch bis 2035. Was für ein Wandel!

Einerseits ist das großartig. Andererseits könnte man aber auch einwenden, dass Deutschland künftig seinen Strom auch aus Europa beziehen wird, wo 137 Kernkraftwerke weiterhin für unseren Wohlstand ar-beiten, während wir uns sicher sein dürfen, dass wir moralisch auf der richtigen Seite stehen. Es sind dann, wenn etwas passiert, die Polen, die Franzosen, die Bri-ten, die USA sowieso. Aber nicht wir. Wir sind sau-ber. Wenn auch auf diese Weise dafür verantwortlich, dass die globale Erwärmung nun weiter zunehmen wird. Paradoxerweise protestieren daher nicht nur die Energiekonzerne gegen den plötzlichen Bewusstseins-wandel in der deutschen Energiepolitik. Auch die Kli-maschützer sind skeptisch, weil Wind- oder Sonnen-energie nicht ausreichen werden, um die entstehende Energielücke auszugleichen, und weil man dann vor allem auf Kohlekraftwerke mitsamt ihrer verheeren-den Kohlendioxid-Bilanz wird zurückgreifen müssen.

Wie immer die Zukunft sich gestaltet: Dass infolge der Ereignisse von Fukushima Politiker wie Merkel, Seehofer oder Söder, einst strahlende Befürworter der Kernenergie, zu bekennenden Anti-AKW-Helden mu-tierten, ist denkwürdig: Nie zuvor war der auf kurzfristige Zustimmung schielende Populismus, der in Deutschland herrscht, deutlicher zu erkennen.

In diesem Land sind die Argumente für und wider die Kernenergie seit den 1970er-Jahren bekannt. Zu allen möglichen Anlässen, Harrisburg, Wackersdorf, Tschernobyl, Gorleben, definierte der atomare Glaubenskrieg die wohlbekannten Frontlinien immer wieder neu. Fukushima aber belebte nicht nur die Debatte, sondern entschied sie. Das ist neu. Und ist eigentlich nur damit zu erklären, dass sich zum überall spürbaren Misstrauen des deutschen Wutbürgertums gegenüber technologischem Fortschritt nun auch noch die Angst sowie die Unbesonnenheit gesellt haben.

Selbst wenn man seit Jahrzehnten ein entschlossener Gegner der Kernkraft ist, muss man die irrationale Kurzentschlossenheit, mit der die Politik auf Fukushima reagiert hat, fürchten. Sie ist übrigens einmalig in Europa und auf der Welt.

Auf der einen Seite dieser Politik steht das Einfach-nur-dagegen, dem es egal ist, ob es gegen Bahnhöfe, Abrissbirnen oder die Atomindustrie geht – und auf der anderen Seite steht die politische Angst vor einem Wutbürgertum, das, siehe die Landtagswahlen in Baden-Württemberg im Jahr 2011, Wahlen entscheidet. Beides zusammen mündet in exakt jenen Irrationalitäten, die unser Land heute prägen. Deutschland schaltet derzeit nicht nur die Atomkraftwerke aus, sondern auch die Vernunft, die politische Besonnenheit und echtes Verantwortungsbewusstsein.

Dabei sind der Ausstieg aus der Atomenergie sowie auch der Einstieg in das postfossile Zeitalter völlig richtig. Nur wäre es jetzt an der Zeit, über die Zukunft zu sprechen. Darüber, wie sie zu gestalten ist. Wenn das Ende des Atomzeitalters richtig ist, wenn es vernünftig und rational ist, dann muss man sich fragen, warum sich das Ende dieses Zeitalters einer Abfolge von Irrationalität verdankt. Gerade die Geschichte des Nein-danke!-Widerstandes hat gezeigt, wie wenig unsere Gesellschaft dazu fähig ist, auf rationale Weise zu einem Konsens über existenzielle Fragen zu finden.

Das deutsche Atomzeitalter ist vorbei. Zum Glück – könnte man sagen. Aber Glück ist auf Dauer keine politische Variable, mit der man rechnen kann. In Zukunft sollten wir Dinge entscheiden – statt dass sie sich anderswo im Reich der Zufälle entscheiden.

Weitere Beispiele gefällig für die irrationale »German Angst«? Bitte sehr:

Im Jahr 2010 meldeten die deutschen Baumärkte, heißen sie nun Obi oder Praktiker, einen Verkaufsschlager, der sich innerhalb kürzester Zeit durchgesetzt hat. Und zwar als Neuerung inmitten des üblichen Sortiments, das von den Akku-Bohrschraubern bis zu den Wäschespinnen reicht: der Bewegungsmelder. Der heißt beispielsweise Abus Xevox Eco. In diesem Fall ist es ein weißer Kasten mit glatter Oberfläche und abgerundeten Ecken. Äußerlich verfügt er nur über einen einzigen Knopf, aber es kommt auf die inneren Werte an, also auf den PIR-Sensor, der auf »jede Art von Wärmebewegung« reagiert. Oder auf den »Alarmspeicher mit Erstmeldererkennung und wählbarer Ansteuerung«. Oder auf die »automatische, temperaturabhängige Empfindlichkeitsregelung«.

Wer den Xevox Eco gekauft hat, verrät das Internet, der hat auch die Alarmzentrale Terxon MX Hybrid gekauft. Oder die Kompaktalarmierung Ecoline. Ohne eco, also öko, geht offenbar nichts mehr, nicht einmal auf dem Terrain des Alarms.

Bewegungsmelder im Vorgarten, die Alarmzentrale im Keller, Kompaktalarmierung als Verkaufsschlager. Gewiss: Bewegungsmelder werden auch aus Bequemlichkeitsgründen installiert, weil sie nachts das Licht anmachen, ohne dass man erst im Dunkeln nach dem Schalter suchen muss. Aber sie haben einen zweiten, wesentlicheren Nutzen. Zehntausendfach holen sich die Deutschen in den Baumärkten, die es in dieser Dichte und Vielfalt übrigens nirgendwo sonst auf der Welt gibt, mit dem Bewegungsmelder ein Produkt ab, das sie wie wenig anderes begehren: Sicherheit.

Bewegungsmelder gehören mittlerweile zum Standard von Hotelfluren und Rathäusern. Besonders beliebt sind sie jedoch im Vorgarten, in der Garage, im Keller. Sie werden an Briefkästen geschraubt und sichern die Fenster im Erdgeschoss. Dort registrieren sie jede Bewegung und alarmieren den Eigentümer, indem sie das Licht angehen lassen.

In manch friedfertiger Vorort-Reihenhaussiedlung

kann man schon nicht mehr spazieren gehen in der Abenddämmerung, ohne dass man alle zehn Meter überraschenderweise in gleißendes Licht getaucht würde.

Im Spyshop, einem Paradies für Paranoia-Geplagte, kann man auch Bewegungsmelder für den Garten kaufen, die als Singvögelchen getarnt sind. Die »Breezy Singers« sehen nicht nur aus wie putzige Singvögel, sie tirilieren auch, sobald man sich ihnen nähert. Es gibt Bewegungsmelder in Eulenform oder welche, die ungebetene Besucher mit lautem Gebell oder dem Satz »Hier wird scharf geschossen!« empfangen.

Die private Abschreckungs-Industrie boomt. Häuser werden zu Hochsicherheitszonen aufgerüstet wie noch nie; aus Häusern werden mittlerweile Trutzburgen. Sie vollziehen somit die gleiche Entwicklung, die vor einem Jahrzehnt die Autos nahmen, die seither immer öfter aussehen wie gepanzerte Gefechtswagen. Diese Autos, wuchtig und groß, riesenhaft bereift und ausgestattet mit undurchdringlich schwarzen Scheiben und gewaltigen Stoßstangen, haben aus der Straße ein Krisengebiet gemacht – und nun sind die Häuser am Rand der Straße dran. Es gibt bereits biometrisch angelegte Zugangssysteme und Venenscanner für den Privatgebrauch an der Haustür. Ein Gerät liest die Venen der Hand und des Unterarms, die gemeinsam ein unverwechselbares Profil ergeben. Kann dieses Profil nicht mit dem gespeicherten abgeglichen werden, so ist auf dem Display zu lesen: »Zugang verweigert«. Verkauft werden Fenstersperren, Stahltüren, Überwachungskameras und anderes mehr: Eine abstoßende Festungsmentalität macht sich breit. Sie ist ein Produkt der Angst, der Furcht, man könne jederzeit Opfer einer Straftat werden, auch wenn die statistische Wahrscheinlichkeit, dass dies geschieht, noch so gering ist.

Die »Süddeutsche Zeitung« schreibt: »Deutschland ist, anders als es in Crime-Sendungen und in politischen Debatten über immer neue Sicherheitsgesetze erscheinen mag, ein sicheres Land, sicherer als die meisten anderen der Welt. Die Kriminalitätsbekämpfung hat beachtliche Erfolge, doch viele Bürger geben die Schlacht verloren. Es gibt mehr Einbrüche als früher, gewiss, aber nicht in dem Ausmaß, das viele Menschen fürchten. Die Mehrheit glaubt auch, die Gefahr für Kinder, von einem Sexualmörder geschnappt zu werden, sei um ein Vielfaches höher als früher... Dabei sind solche furchtbaren Taten heute weitaus seltener als in jenen verklärten Nachkriegsjahrzehnten.«

Das gilt explizit auch für die scheinbar explodierende, unkontrollierbar gewordene Jugendkriminalität, die in den Medien und Talkshows eine ungeheure, um nicht zu sagen: ungeheuer aufgeblasene Rolle spielt.

Christian Pfeiffer, Direktor des Kriminologischen Forschungsinstituts Niedersachsen, hat in diesem Zusammenhang ein Essay mit dem Titel »Das Märchen von der brutalen Jugend« geschrieben. Darin heißt es: »Würde es stimmen, dass es heute häufiger als früher zu solchen Gewaltexzessen kommt, müssten insbesondere die polizeilich registrierten Tötungsdelikte Jugendlicher und Heranwachsender zugenommen haben. Aber das Gegenteil ist der Fall. Die Zahl der 14- bis 21-Jährigen, die im Jahr 2010 als Tatverdächtige eines Mordes oder Totschlags erfasst worden sind, hat im Vergleich zu 2009 pro 100 000 der Altersgruppe um 14,1 Prozent abgenommen. Zur insgesamt registrierten Gewaltkriminalität dieser Altersgruppe zeigt sich im Vergleich der beiden Jahre ein Rückgang um 6,5 Prozent. Bezogen auf die Jahre seit 2007 sind es sogar minus 10,7 Prozent.«

Und weiter: »Noch nie seit der Wiedervereinigung war dieser Rückgang so stark. Damit setzt sich ein Trend fort, der seit mehr als zwölf Jahren zu beobachten ist. Schwere Körperverletzungen hatten nach der polizeilichen Kriminalstatistik zwar noch bis 2007 weiter zugenommen. Wie aber unsere seit 1998 wiederholt durchgeführten Repräsentativbefragungen von 14- bis 16-Jährigen zeigen, beruht dieser Anstieg auch auf einer erhöhten Bereitschaft der Opfer, ihre Peiniger anzuzeigen. Es hat sich also vor allem die Sichtbarkeit der Jugendgewalt deutlich erhöht. Die Opfer- und Täterquoten der Jugendlichen sind dagegen nach diesen Dunkelfeldbefragungen seit 1998 stabil bis leicht rückläufig.«

Rückläufig sind hingegen nicht die Bemühungen mancher Medien, das auflagenträchtige Gegenteil heraufzubeschwören: das Moment der Gefahr.

Der »SPIEGEL« titelte etwa im Mai 2011: »Mordlust – die unheimliche Eskalation der Jugendgewalt«. Oder die »Bild«-Zeitung. Sie schrieb im Januar 2008: »Deutschland diskutiert über Jugendkriminalität, die immer häufiger von jungen Ausländern ausgeht.« Auch das stimmt nicht. Tatsächlich ist in Deutschland der Anteil nichtdeutscher Täter bei der Gewaltkriminalität seit mehr als zehn Jahren zurückgegangen.

Statistiken ändern aber nichts an der gefühlten Gefahr. Und deshalb findet die größte deutsche Nachrüstung seit Nato-Doppelbeschluss-Zeiten in den Garagen und Vorgärten statt: Die Autos und Häuser werden krisenfest gemacht. Eigenheimbesitzer im fortgeschrittenen Alter fahren dann mit ihren kriegstauglichen SUVs zu Obi, um sich die Wärmebildkamera Axis Q 1910 zu besorgen.

Eine vergleichbar übertriebene Angst haben die Deutschen auch vor dem Street-View-Projekt von Google. Zur Erinnerung: Street View (etwa: Straßenansicht) ist ein Zusatzdienst zum schon länger eingeführten Kartendienst Google Maps. Mit Hilfe von Street View werden Ansichten deutscher Städte und Straßen aus der Perspektive eines Spaziergängers oder Autofahrers gezeigt. Als das Programm anlief und die auffälligen Street-View-Autos durch deutsche Villenvororte oder auch Problemviertel kurvten, um Hausfassaden und Bürgersteige, Briefkästen und Klingelschilder aufzunehmen, kam es zu einem einzigen großen Aufschrei der Empörung. »Spionage« hieß es.

»Voyeurismus« hieß es. »Verdammte Spanner« hieß es. Google, »der Krake«, wurde wütend angekläfft von der deutschen Empörungsgemeinschaft.

Mehrmals wurden die (durch die am Dach befestigten Rundum-Panorama-Kameras gut erkennbaren) Street-View-Autos angegriffen. Im März 2010 wurde ein Google-Auto in Oldenburg schwer beschädigt. »Unbekannte«, berichtete die ortsansässige Zeitung, »demolierten nachts ein Auto des Dienstes. Sie durchtrennten das Kabel, das die Kamera auf dem Dach mit der Aufnahmeeinheit im Fahrzeuginneren verbindet. Dazu stachen sie einen der Reifen platt.« Dabei macht Street View zunächst nur das, was auch ein Spaziergänger oder jeder beliebige Lokal-Fotograf macht: rumgucken, auf das Knöpfchen drücken. Das, was man von der Straße aus als normaler Passant sieht, ist nicht zu schützen. Alles andere schon. Außerdem kann man das eigene Haus auf Antrag bei Googles Street View schwärzen lassen.

Protestiert wurde in zahlreichen Staaten gegen Street View. Auch datenschutzrechtliche Debatten gab es überall. Aber in Deutschland waren die Aufregung und die Empörung am größten. Obwohl es hierzulande, nimmt man Spanien, England oder Österreich als Vergleichsmaßstab, relativ wenige Grundstücksbesitzer gibt.

Paradoxerweise konnte man zeitgleich, nämlich seit dem Sommer 2010, bei Saturn oder über Amazon ein Fluggerät namens »Parrot AR.Drone« kaufen. Das ist eine Art Spionage-Helikopter für den Hausgebrauch, der sich mit Hilfe eines iPhones oder eines iPads fernsteuern lässt. Für 300 Euro ist er zu haben. Was die Käufer dieses Gimmicks seit der Markteinführung betreiben, kannte man bisher nur aus dem Irakkrieg: Luftaufklärung im Schrebergarten. In Deutschland gibt es immer mehr Privatleute mit Videokameras, Drohnen, Nachtsichtgeräten. Gespäht wird überall. Und alle lassen sich das gefallen.

Vor diesem Hintergrund mutet der verbreitete Protest gegen Überwachungskameras im öffentlichen Raum, auf Wegen und Plätzen, in U-Bahnhöfen und Flughafenterminals fast ein wenig bizarr an. Der Berliner Kulturwissenschaftler Dietmar Kammerer, der über Videoüberwachung promoviert hat, sagt: »Die Zahl der privaten und privatwirtschaftlichen Kameras wird nirgendwo erfasst. Ihre Zahl dürfte aber die staatlichen Überwachungskameras um ein Vielfaches übersteigen.« Es ist schon merkwürdig: Mit Vehemenz protestieren wir Deutschen gegen Google-den-Kraken oder gegen den Kraken-Staat. Vermeintlich ist es der Kampf von David gegen Goliath. Und dann gehen wir hin und kaufen Nachtsichtgeräte oder Drohnen.

Es ist natürlich nicht wahrscheinlich, dass es sehr viele Leute gibt, die beides zugleich machen: andere ausspähen und sich gegen das Ausgespähtwerden mit rabiaten Mitteln wehren. Aber darum geht es hier nicht. Für das Porträt einer Zeit und einer Gesellschaft ist die denkwürdige Gleichzeitigkeit dieser Phänomene interessant. Und die Vermutung, wonach sich diese Phänomene nicht an den Rändern der Radikalität oder Paranoia ereignen, sondern in der Mitte der Gesellschaft. Die »ZEIT« führt das Google-Drohne-Paradoxon auf diffuse Ängste zurück: »Kennt nicht jeder jemanden, in dessen Nachbarschaft schon mal eingebrochen wurde?« Es ist eine Manie der Angst und eines absurden Misstrauens. Ein Gericht musste deshalb im Jahr 2010 einen Streit zwischen den Eigentümern zweier Doppelhaushälften in Brandenburg entscheiden. Der eine hatte sieben Videokameras auf seinen Teil des Grundstücks gerichtet, wodurch sich der andere »als potenzielles Spitzelopfer« (so die »ZEIT«) wähnte. Zu Unrecht, wie das Gericht befand. Die Videokameras durften bleiben. Offenbar sind sie typische Merkmale einer Doppelhaushälfte im Jahr 2011. Interessant wäre es zu erfahren, ob nur einer der beiden Doppelhaus-Krieger gegen Googles Street View protestiert hat. Oder doch beide. Oder keiner? Aber dann hat bestimmt einer der beiden einen Bewegungsmelder, der »Hier wird scharf geschossen!« sagen kann.

In Deutschland möchte man manchmal nicht tot über dem Zaun hängen. Was offenbar leicht geschehen kann. Nur gut, dass die Kriminalitätsstatistik hier Entwarnung gibt.

Als »9/11-Kind« war sie bekannt: Christina Taylor Green. Schon ihr Name, Green wie die Farbe Grün, stand für die Hoffnung. In diesem Fall war es die

Hoffnung eines Landes, das Trauma der Anschläge vom 11. September 2001 auf das World Trade Center in New York eines Tages zu überwinden.

Das war auch die Hoffnung der übrigen Welt: dass es irgendwann eine Zeit nach dem Schrecken des globalen Terrors geben werde, der an jenem Tag in New York endgültig und für alle sichtbar wurde. Hoffnung aber hatte man, weil man Kinder hatte. Kinder, die am Tag des schrecklichen Attentats als Verheißungen einer besseren Zukunft zur Welt kamen. Kinder wie Christina Green.

Sie wurde am 11. September 2001 in West Grove, Pennsylvania, als eines der berühmten »Gesichter der Hoffnung« geboren. Nach dem Inferno von New York wurde ein Buch mit den Porträts von 50 Babys veröffentlicht, die am Tag des Anschlags geboren wurden. 50: eines aus jedem Bundesstaat. Die Kleinkinder sollten Zuversicht schenken und Hoffnung wecken.

Diese eine Hoffnung mit dem Namen Christina aber wurde nur neun Jahre alt. Es ist ein seltsam teuflischer Zufall, dass Christina Green, die am Tag des Terrors geboren wurde, an einem Tag des Terrors sterben musste – am Samstag, dem 8. Januar 2011.

Sie starb durch die Kugel eines Amokläufers. Das war in Arizona, in der Nähe der Stadt Tuscon, wo die Greens mittlerweile lebten. Christina, eine gute Schülerin, wie es heißt, interessierte sich sehr für Politik. Das ist ungewöhnlich in diesem Alter. Doch sie wusste, was es heißt, ein 9/11-Kind zu sein. Sie war auch stolz darauf, erzählten ihre Eltern. An diesem Tag wollte sie Politik hautnah erleben. Eine Freundin der Mutter nahm Christina mit zu einem Einkaufszentrum. Dort sollte die demokratische Kongressabgeordnete Gabrielle Giffords an einer Bürgerversammlung teilnehmen.

»Ich ließ sie dorthin gehen, da ich dachte, es sei ungefährlich.« Das erzählte Christinas Mutter später der »New York Times«. Es war nicht ungefährlich.

Die Bürgerfragestunde wurde kurz nach zehn Uhr morgens attackiert. Der 22-jährige Jared Lee Loughner trat von hinten an Giffords heran, die sich gerade mit einem Paar unterhielt. Mit einer halbautomatischen Glock 19 schoss er der Politikerin aus nächster Nähe in den Hinterkopf. Giffords wurde schwer verletzt, überlebte aber das Attentat. Danach schoss Loughner auf die umstehenden Zuschauer. Sechs Menschen wurden getötet, 14 weitere verletzt.

In den ersten Berichten vom Attentat hieß es, unter den Opfern sei auch ein neunjähriges Mädchen. Erst später wurde klar, dass mit Christina Green auch ein »Gesicht der Hoffnung« gestorben ist.

Die Motive des Attentäters, der überwältigt und verhaftet werden konnte, sind bis heute nicht ganz geklärt. Die Nachrichten, die er in sozialen Netzwerken hinterlassen hat, weisen auf einen verwirrten Geist hin. Aber auch auf einen Abgrund voller Hass. Der amerikanische Präsident Barack Obama sprach in einer Gedenkfeier von einem Klima der Feindseligkeit, das es zu überwinden gelte.

Der Wahnsinn, der Hass, der Terror: Sie herrschten am Geburtstag von Christina Green – und schließlich auch noch an ihrem Todestag. Nichts beschreibt unsere Zeit der Angst so berührend wie die denkwürdige Biographie von Christina Taylor Green. Ein Gesicht der Hoffnung, ein Name der Hoffnung: vorbei.

Wenn man über ihr Schicksal zwischen zwei Attentaten, die das erste Jahrzehnt des dritten Jahrtausends so furchtbar bildlich markieren, nachdenkt, wird deutlich, wie sehr sich unser Leben heute verändert hat, wie sehr die Angst auf besondere, globale und untergründige Weise in der Welt ist, spätestens seit jenem 11. September 2001.

Auch in Deutschland ist die Angst vor dem Terror präsent. Dummerweise wird sie entweder für nicht groß genug erklärt – oder in die Nähe zur Hysterie gerückt. Die Frage ist: Haben wir zu viel oder zu wenig Angst vor »dem Anschlag«? Für das eine wie für das andere lassen sich Argumente finden.

Im Februar 2008 veröffentlichte die Journalistin Annette Ramelsberger ihr Buch »Der deutsche Dschihad: Islamistische Terroristen planen den Anschlag«. Darin macht sie – nach Anschlägen in aller Welt – deutlich, dass Deutschland bisher einfach nur Glück gehabt habe. Tatsächlich sei unser Land schon längst ins Visier des Terrors geraten. Nur würde man das nicht ernst nehmen in Deutschland. Das mag sein. Dafür spräche, dass beispielsweise schon längst nicht mehr die Rede ist von den Kofferbombern von Köln.

2006, kurz nach der Fußball-Weltmeisterschaft, dem deutschen Sommermärchen: Mohamad El Haj Dib und sein Freund Jihad Hamad wollen aus Protest gegen Mohammed-Karikaturen, die erstmals in einer dänischen Zeitung erschienen sind, aber auch in deutschen Blättern abgedruckt wurden, Kofferbomben detonieren lassen. Die Koffer mit den selbstgebauten Sprengsätzen wurden in Regionalzügen abgestellt, die auf den Strecken Aachen-Hamm und Mönchengladbach-Koblenz verkehrten.

Es wäre, erklärte später der Präsident des Bundeskriminalamtes, Jörg Ziercke, der größte Terroranschlag der deutschen Geschichte gewesen. Wäre – denn wegen »handwerklicher Fehler«, so die Ermittler, konnten die Bomben nicht detonieren. In einem der Koffer fand sich sogar ein Sakko. Und in dem Sakko fand sich ein Einkaufszettel. Seither weiß man, dass die beiden Kölner Kofferbomber noch Brot einkaufen wollten, dazu Joghurt und Oliven. Und man weiß natürlich, dass die Möchtegern-Attentäter Stümper waren. Bauen zwei Bomben – und vergessen den Einkaufszettel im Koffer. Ramelsberger glaubt, dass es solche fast schon komischen, auf jeden Fall ziemlich glücklichen Umstände sind, die eine deutsche Öffentlichkeit daran hindern, die reale Gefahr ernst zu nehmen.

Das stimmt und stimmt doch nicht. Ja, die Kofferbomber wurden erst belächelt, schließlich nahezu vergessen. Doch nein, die Bilder des Terrors sind übermächtig. Gerade auch in Deutschland. Im kollektiven

Gedächtnis sind die Bilder der einstürzenden Zwillingstürme des World Trade Centers auch heute, zehn Jahre nach dem Anschlag, jederzeit präsent. Das gilt auch für den aufgerissenen Doppeldeckerbus von London, die zerborstenen Züge von Madrid, das Hotel Taj Mahal in Mumbai oder jetzt das Osloer Regierungsviertel und die Ferieninsel Utøya in Norwegen.

Umfragen zufolge halten Deutsche die Gefahr, einem Anschlag zum Opfer zu fallen, für relativ hoch. Das ist zwar rein statistisch wenig wahrscheinlich, aber psychologisch ist es nachvollziehbar. Man nennt dieses Phänomen »Verfügbarkeitsheuristik«: Was man selbst sieht, und sei es im Fernsehen oder auf Zeitungsfotos, bezieht man auf sich selbst, man hält es für wahrscheinlich, für realistisch.

Ohne das ikonische Zeitalter, gemeint ist die aktuelle Epoche, da das Bild übermächtig alle anderen Informationsmedien dominiert (bekanntlich sagt ein Bild »mehr als tausend Worte«), wäre die globalisierte Angst vor dem Terror wohl nicht denkbar.

Die Attentäter von 9/11 wussten das, als sie sich ihr Ziel suchten: Das World Trade Center an der Spitze Manhattans ist ein symbolisch wie ikonographisch extrem aufgeladenes Gebäude, das für »den Westen« steht wie kaum ein anderes Objekt.

Als die Anschläge von New York gemeldet wurden, nahmen die Fahrgastzahlen der öffentlichen Nahverkehrssysteme sofort ab. Man mied hohe Gebäude und öffentliche Räume. Noch heute kann kaum ein Besucher des Münchner Oktoberfestes völlig stressfrei die »Wiesn« an der Münchner Bavaria betreten, ohne zumindest für einen winzigen Augenblick zu überlegen, ob das Oktoberfest nicht auch ein potenzielles Ziel eines Attentats sein könnte. Tatsächlich starben am 26. September 1980 13 Menschen bei der Explosion einer Bombe am Haupteingang. Hunderte wurden verletzt. Aber in den achtziger Jahren war die Furcht vor Anschlägen noch punktueller Natur. Erst der Islamismus hat daraus ein ebenso universales wie allgegenwärtiges Bedrohungsgefühl gemacht. Eine ängstliche Grundstimmung hat seither den öffentlichen Raum erfasst. Die intensiven Passagierkontrollen an Flughäfen, die Dauerdurchsagen, man möge doch bitte auf herrenloses Gepäck achten: Das alles erinnert täglich daran, dass »es« auch »hier« und »heute« passieren kann.

Gezielte Prävention und ein waches Bewusstsein für die Gefahren unserer Zeit sind daher vernünftig – Angst als Dauerzustand der Gesellschaft ist es nicht. Genau das, die Angst als Grundstimmung, ist jedoch das Ziel des Terrors. Als die Kofferbomber von Köln verhaftet wurden, gaben sie zwei unterschiedliche Motive an. Zum einen wollten sie »viele Menschen töten«, zum anderen »Furcht einflößen«. Das eine ist ihnen nicht gelungen, das andere schon.

Wer sich vor dem Terrorismus über die Maßen ängstigt, spielt dem Terror geradewegs in die Hände. Denn der Terror, welcher Couleur auch immer, ob er von Fundamentalisten ausgeht oder militanten Rechtsradikalen, zielt darauf ab, die westlichen Gesellschaften zu destabilisieren, indem er »Furcht einflößt«. Man muss nicht die Gefahr des Terrors kleinreden, um sich vor der Irrationalität der Angst zu hüten.

Immer wird es Menschen geben, die vom Terror getötet werden. Von einem politisch motivierten Terror oder einfach vom individuellen Amok, der in einer Zeit der Angst wie des Hasses ideale Bedingungen vorfindet, um zu gedeihen. Gerade deswegen ist es so wichtig, sich vom Terror nicht manipulieren zu lassen. Wie schnell das gehen kann, zeigen einmal mehr die eilfertigen und unverblümt populistischen Vorschläge deutscher Politiker nach den jüngsten Anschlägen in Norwegen. Dabei zeigt gerade der Blick nach Norwegen, wie man auch anders mit der terroristischen Bedrohung umgehen kann; mit Trauer und Bestürzung, gewiss, aber auch mit Besonnenheit statt mit Panik und Kurzschlussreaktionen. Und mit dem unbeirrbaren Willen, sich die eigene Kultur, die liberale Gesellschaft, die Demokratie nicht durch die Angst zerstören zu lassen.

Aus Furcht vor der Bedrohung durch den Terrorismus ist die deutsche Gesellschaft allzu schnell bereit, bürgerliche Freiheiten und demokratische Rechte im Interesse der »Inneren Sicherheit« einzuschränken. Aus Furcht vor Kriminalität bauen wir unsere Häuser zur Festung aus. Und aus Furcht um unsere Kinder übertragen wir diese Reflexe eines maßlosen Kontroll- und Protektionsbedürfnisses auf die eigene Familie.

In einer Schrift des Pädagogen Janusz Korczak aus dem Jahr 1918 (»Wie man ein Kind lieben soll«) heißt es: »Aus Furcht, der Tod könnte uns das Kind entreißen, entziehen wir es dem Leben.« Die fast schon pathologische Furcht um das Wohlergehen unserer Kinder, die heute, einhundert Jahre nach Korczak, für die Gegenwart konstatiert wird, etwa von der Erziehungswissenschaftlerin Sigrid Tschöpe-Scheffler, ist also älteren Datums. Dennoch lässt sich vermuten, dass der Lebensentzug bei den eigenen Kindern, der heute von vielen Eltern betrieben wird, einen neuen Höhepunkt markiert.

Tschöpe-Scheffler vertritt – zugespitzt – die These, dass Eltern heutzutage eine ungeheure Angst um ihre Kinder kultivieren. Dass diese Kinder daher überbehütet, kaputtkontrolliert und zur Unselbstständigkeit erzogen werden. Und dass dies auch daher rühre, dass die Eltern selbst Angst vor dem Leben hätten. Sie trauen sich selbst nichts zu und ihren Kindern noch weniger. Deshalb hört man so oft Kinder bettelnd sagen: »Das kann ich doch selbst.« Selbst einkaufen. Selbst in die Schule gehen. Selbst sein. Aber die Elternphantasie sieht überall Gefahren: betrunkene Schulbusfahrer, krankhafte Sexualstraftäter, Feinstaub, Vogelgrippeschwäne im Park, unterprivilegierte Kinder mit Messern und Gewalt-Videospielen in der Nachbarschaft.

Am liebsten möchten sie daher die Welt wattieren und den Kindern einen GPS-Sender einpflanzen. Dann könnte man halbwegs beruhigt den ganzen Tag am

Radarschirm sitzen. Und tatsächlich: Die Angstindustrie floriert und bringt Produkte wie die »Num8« hervor. Das ist eine Kinderarmbanduhr mit integrierter GPS-Funktion. GPS, also das Global Positioning System, ist ein Navigationssatellitensystem zur Ortung. Man kennt es vom sogenannten Navi, jenem Gerät, ohne welches Autofahrer nicht mehr leben wollen.

Das Unternehmen, das die Num8 verkauft, behauptet jedenfalls, dass mit Hilfe dieser Uhr Eltern jederzeit darüber informiert werden können, wo sich das Kind gerade aufhält. Vielleicht hat es sich unerlaubt vom Kinderspielplatz entfernt? Vielleicht hat es eine nicht verabredete Abkürzung genommen auf dem Weg von der Schule nach Hause? Vielleicht behauptet es nur, es sei bei Freund A, um Hausaufgaben zu erledigen, während es in Wirklichkeit bei Freund B ist, um am Kickerkasten abzuhängen? Kann man unseren Kindern wirklich trauen? Und werden nicht immer mehr Kinder Opfer von Sexualdelikten? Ist es nicht so? Sind die Medien nicht voll von grausamen Gefahren?

Als Dominique Strauss-Kahn, der Ex-Direktor des Internationalen Währungsfonds, im Frühjahr 2011 in Verdacht geriet, ein New Yorker Zimmermädchen vergewaltigt zu haben, durfte er sich bis zu den klärenden Gerichtsterminen zwar einigermaßen frei in New York bewegen, er musste jedoch eine elektronische Fußfessel tragen. Wer seinen Nachwuchs mit einer Num8 ausstattet, bringt seinem auf dem Spielplatz spielenden Kind im Grunde das gleiche Vertrauen entgegen, das die Polizei einem mutmaßlichen Vergewaltiger entgegenbringt. Bis zum Beweis der Unschuld: kaum welches. Nur: Die einen tun es aus Liebe, die anderen aus begründetem Verdacht. Kindgerechtigkeit ist etwas anderes als das Recht des Strafgesetzbuches.

Man muss sich nicht wundern: In einigen Frauenkliniken werden GPS-Armbändchen schon für Säuglinge angeboten, als Schutz gegen Verwechslung oder Entführung, womit man offenbar rechnen muss in diesen Kliniken. Auch das »Kinderhandy Junior Tel« bietet unter anderem die Funktionen »Hineinhören im Notfall«, »Tracking für die Schulwegkontrolle«, »Standortüberwachung«, »Alarmmeldung als SMS/Anruf« oder den »Optionalen Ortungsservice« an.

Der Deutsche Kinderschutzbund hat das Gerät empfohlen.

So eine Empfehlung ist wichtig, denn es gibt unterschiedliche Produkte zur Kinderüberwachung. Die Branche boomt. Die Kontrolle der Eltern kann unterschiedlich ausgeübt werden: Mal muss ein Kind zu festen Zeiten eine bestimmte Taste betätigen, mal darf ein Kind geographisch festgelegte Zonen nicht überschreiten: Sonst geht der Alarm los.

Eine Studie beschreibt, wie sich der Radius des »Kinder-Erlebens« in den vergangenen Jahrzehnten verändert hat. Mit diesem Radius wird die soziale Entwicklung des Kindes auch unter räumlichen Aspekten beschrieben. Gemeint ist der Umkreis, den sich Kinder rund um ihr Zuhause nach und nach erobern: erst die

Wohnung, die Straße, das Viertel, vielleicht die Wiesen, Felder, den Bach, den man dringend aufstauen muss, oder das Baumhaus, das dringend gebaut werden sollte. Der Radius misst in gewisser Weise den Zugewinn an persönlicher Freiheit, der zugleich ein Zugewinn an Selbstverantwortung ist.

Es verwundert nicht, dass dieser Radius sich heute dramatisch reduziert hat. Unsere Kinder sind überbehütet. Das merkt man am Betreuungsangebot in Feriengebieten, wo es keine Strände mehr gibt ohne Babywatch. Das merkt man an Kindergeburtstagen, wenn sich die Eltern der eingeladenen Kinder nicht über die gewonnene Freizeit vom Kind freuen, sondern besorgt nachfragen, wie die Kinder betreut werden, um dann zwei Stunden früher als verabredet aufzutauchen, um »mal nach dem Rechten« zu sehen.

Wer Kinder hat, der weiß, dass man grundsätzlich in Sorge um die Kinder ist. Das ist natürlich. Unnatürlich ist es aber, dass es heute in Deutschland fast nur noch zwei Elterntypen gibt: die Überbesorgten und jene, denen es egal ist, ob ihr Kind vor der Schule ein Frühstück bekommt, geschweige denn, auf welchem Weg es zur Schule geht. Wer sich mit Lehrern über dieses Phänomen unterhält, der hört, dass es tatsächlich zwei verschiedene Gruppen gibt: die, denen man untersagen muss, ihr Kind in der vierten Klasse noch bis zum Klassenzimmer zu begleiten. Und die, die nicht wissen, auf welcher Schule ihr Kind ist.

Wobei die Pädagogin Tschöpe-Scheffler meint, dass

die Angewohnheit, immer vom Allerschlimmsten aus-
zugehen, ein Merkmal einer bestimmten Schicht und
Generation sei. Ausgeprägt sei diese Unfähigkeit, in
Wird-schon-gut-gehen-Kategorien zu denken, vor al-
lem in der bildungsnahen Mittel- und Oberschicht.
Und in einer Generation, die »mit einem viel höheren
Glücksanspruch und zugleich mit einer viel unsichere-
ren Zukunftsperspektive lebt als frühere Generationen«.

Selbstverständlich ist die Überbehütung durch keine
Statistik gerechtfertigt. Sie ist völlig irrational. Genau
wie bei den Zahlen zur Jugendkriminalität kann man
auch hier von einer lediglich gefühlten Gefährdungs-
lage ausgehen. Verbrechen an Kindern werden nicht
häufiger als früher begangen (was in Umfragen immer wieder vermutet wird). Im Gegenteil: Solche Verbrechen gibt es heute seltener als früher, etwa im Vergleich zur Nachkriegszeit. Nur ist die Berichterstattung
darüber intensiver geworden. Blutrünstiger außerdem.

Ein Grund für das Phänomen der Überbehütung
dürfte auch darin liegen, dass Kindern inzwischen angesichts der sinkenden Geburtenzahlen eine höhere
Bedeutung zukommt. Sie sind nicht mehr selbstverständlich im Bild der überalterten, kinderarmen Gesellschaft, die gegen geplante Kindergärten in der
Nachbarschaft prozessiert. Bis vor kurzem wurde in
Deutschland der Lärm von Kindern mit dem Lärm
von Jagdbombern verglichen. Es war feindlicher Lärm.
Lärm, gegen den man prozessieren kann. Mittlerweile
hat man sich darum bemüht, Lärmemissionen von

dem zu unterscheiden, was Kinder so von sich geben. Die Prozesse wegen Kinderlärms wurden einfach zu oft geführt in einem Senioren- und Single-Land, das der Kinderliebe mit relativem Befremden gegenübersteht.

Die wenigen Kinder, die es noch gibt in Deutschland, werden jedoch auf der anderen Seite (und von der anderen, nicht weniger aggressiv eingestellten Fraktion) auch umso mehr umsorgt. Auch deshalb, weil sie in manchen Sphären zur sozialen Distinktion beitragen: mein Haus, mein Porsche, mein Kind... Kinder sind manchmal Statussymbole.

Nicht zufällig sind die leicht schizophrenen Ängste von Eltern um die Zukunft ihrer Kinder (die sich außer in GPS-Geräten auch in Chinesisch-Kursen für Vierjährige niederschlagen) gerade dort anzutreffen, wo auch die Zukunft der Eltern selbst fragil erscheint. Es ist in besonderer Weise tatsächlich die Mittelschicht, die das Vertrauen in Gesellschaft und Zukunft verloren hat. Perfiderweise bringt diese Schicht ihren Kindern genau das bei, was am wenigsten zukunftstauglich ist: die Fähigkeit, allem und jedem zu misstrauen.

Die Mittelschicht existiert noch nicht lange. Erst die Industrialisierung hat zur Mitte des 19. Jahrhunderts diese Schicht entstehen lassen. Weder von Arbeitern noch von den Eigentümern der Produktionsmittel wird die Mittelschicht geprägt, sondern von Ingenieuren, Facharbeitern, Handwerkern und der aufkommenden Bürokratie. Es ist die Welt der normalen Angestellten.

Es ist diese Schicht, die in besonderer Weise an den Zentrifugalkräften einer immer schneller sich wandelnden Welt leidet. Zum Teil ist das nachvollziehbar: Tatsächlich musste die Mittelschicht in den letzten Jahren einen ungewöhnlich großen Reallohnverlust hinnehmen. Aus mehreren Gründen: Der Staat kann am unteren Ende der Sozial- und Einkommenshierarchie kaum mehr sparen, am oberen (da zahlenmäßig nicht relevant) aber auch kaum mehr verdienen: Also ist es vor allem die Mittelschicht, die einen Staat stützt, dessen soziale Sicherungssysteme zudem immer teurer werden, was wiederum mit der demographischen Entwicklung zu tun hat.

Dennoch sind die Ängste dieser Schicht überproportional groß, das Gejammer ist den immer noch guten Verhältnissen, in denen diese Schicht lebt, nicht angemessen. Und zwar schon mit Blick auf den Rest der Welt.

Umso hilfloser wirkt es, wenn die Menschen dieser Schicht, aus der sich in besonderer Weise auch die Wutbürger rekrutieren, aus Angst vor der Zukunft und ihren Abgründen GPS-Ortungssysteme für ihre Kinder kaufen. Wollten sie wirklich etwas tun für ihre Kinder und für deren Zukunft, so müssten sie vielmehr genau das aufbieten, was ihnen selbst so sehr fehlt: Vertrauen.

Aus Erziehung als einem Prozess der Vorbereitung auf die Selbstständigkeit und Selbstverantwortung des Kindes, auf dessen schrittweise Loslösung und Emanzipation vom Elternhaus, wird so eine immer stärkere Bevormundung und Abhängigkeit im Interesse übertriebener Kontrolle und Protektion. Wir bereiten unsere Kinder damit aber nicht auf die Zukunft vor, sondern machen sie unselbstständig und unmündig und enthalten ihnen unersetzliche Lebenserfahrung vor. Während wir so auf der einen Seite unseren Kindern die Zukunft verbauen, indem wir einen fortschrittsfeindlichen Biedermeiergeist pflegen, potenzieren wir das noch, indem wir ihnen auf der anderen Seite durch eine fehlgeleitete Erziehung zunehmend die Gabe nehmen, selbstständig zu denken und zu handeln und damit selbst fit für die Herausforderungen der Zukunft zu werden.

Größer kann die Bankrotterklärung vor den Herausforderungen des Morgen nicht sein.

Thilo Sarrazin wurde von Frank Schirrmacher in der »Frankfurter Allgemeinen Sonntagszeitung« einmal so beschrieben: »Er ist der Ghostwriter einer verängstigten Gesellschaft.« Ein erfolgreicher Ghostwriter ist das – könnte man ergänzen. Das Buch des Ex-Bundesbankvorstandes und Ex-Finanzsenators Sarrazin (»Deutschland schafft sich ab«) erschien im August des Wutjahres 2010. Innerhalb von Wochen wurde daraus zum einen ein Skandalon, zum anderen ein Bestseller. Schon im Oktober 2010, fünf Wochen nach der Veröffentlichung, lag die Druckauflage, die später noch stieg, bei 1,1 Millionen Exemplaren. Mittlerweile wurden 1,3 Millionen Bücher verkauft. Zum Vergleich die Startauflage: 25 000 Exemplare.

Wer die Schrift gelesen hat, eine Mischung aus Apokalypse und Statistik, der weiß, dass Sarrazin ein gebildeter und kluger Mensch ist. Das großflächige Scheitern der deutschen Integrationspolitik – darum geht es in Sarrazins Buch *auch* – könnten ihm sogar Integrationspolitiker bestätigen. Vieles von dem, was Sarrazin als Folgen aus dem Geburtenrückgang, einer anwachsenden Unterschicht und der Zuwanderung aus muslimischen Ländern beschreibt, lässt sich überprüfen und bestätigen. Vieles, aber nicht alles. Vor allem aber erklärt das allein den überraschenden Bucherfolg nicht. Die Integrationspolitik wird in Deutschland schon seit vielen Jahren debattiert. Auch vor Sarrazin wurde berechtigte Kritik daran geübt. Nur geschah dies ohne Widerhall.

Zu den bekannten Sachverhalten musste etwas anderes hinzukommen, um das in jüngerer Zeit »meistverkaufte Politik-Sachbuch eines deutschsprachigen Autors« (»Spiegel online«) und zudem eine mediale Dauerpräsenz des Themas entstehen zu lassen. Bekannt waren ja schon vor dem Buch und dem gesellschaftlichen Streit darüber sowohl die Thesen Sarrazins als auch seine bisweilen recht routiniert ausgeübten Provokationen. Ob er Hartz-IV-Empfängern Ratschläge zum Supermarkt-Einkauf mit auf den Weg gab oder ob er Leuten, die kein Geld für die Heizung haben, empfahl, sich im Winter auch mal einen Pullover anzuziehen: Die daraufhin einsetzenden Empörungsrituale gehörten schon immer zum Kalkül des Politikers Sarrazin. Und schon im September 2009 hatte er der Zeitschrift »Lettre International« ein Interview gegeben, in dem die Kernthesen seines Buches aufscheinen.

Das, was den Fall Sarrazin schließlich erst zum Fall Deutschland machte, ist etwas anderes. Das eine ist der verklausulierte Biologismus in »Deutschland schafft sich ab«. Schirrmacher: »Mit jeder Seite, die man liest, wird klarer, dass es sich hier nicht um ein bildungsbürgerliches Traktat handelt, sondern um die Etablierung eines völlig anderen Kulturbegriffs. Es geht um die Verbindung von Erbbiologie und Kultur.« Das Buch sei faktisch ein Plädoyer für eine »eugenische Demographie«. Eugenik: Damit ist eine Politik gemeint, die danach trachtet, den Pool »positiver« Erbanlagen in der Bevölkerung zu vergrößern, während »negative« Erbanlagen vermindert werden sollen. Das ist der eigentliche Sprengstoff eines Buches, das wie kaum ein anderes Werk von der Angst seiner Leser vor der Zukunft und vor der Grenzenlosigkeit lebt.

Auf der Oberfläche geht es um die übliche Islamophobie. Darunter aber geht es um die viel substanzielleren Existenzängste eines Landes, das sich seiner Identität inmitten dynamischer, globaler Prozesse nicht mehr gewiss ist – und daher in der vermeintlichen Statik genetischer Codierung und Fixierung Zuflucht sucht. Die Angst einer so überwältigten wie überwältigenden Masse: Das ist der Treibstoff, der mit

Sarrazins Buch eine ganze Gesellschaft in Bewegung versetzt hat. »Die Panikmacher«, das Buch von Patrick Bahners, erschien denn auch wenige Monate nach dem Sarrazin-Werk als eine mögliche Antwort auf die »deutsche Angst vor dem Islam«. Man muss kaum erwähnen, dass daraus kein Bestseller wurde. Bahners will uns die Angst nehmen – wir aber wollen uns darin suhlen. Sarrazin weiß das. Es ist Kalkül.

Sarrazin hatte allerdings auch Glück. Zum Beispiel das Glück, von »der« Politik (jedenfalls von der aufgescheuchten Variante der Politik) an den Pranger gestellt zu werden. Da war zum Beispiel der damals neue Bundespräsident, der ihm als sein Dienstherr nahelegte, sein Amt als Mitglied des Vorstands der Deutschen Bundesbank niederzulegen; da war Angela Merkel, die das Buch vermutlich noch gar nicht gelesen hatte, aber als Bundeskanzlerin schon wusste, dass es »nicht hilfreich« sei; und da war die SPD, die das SPD-Mitglied Sarrazin mit einem (später auf peinliche Weise versandeten) Parteiordnungsverfahren überzog. Schon deshalb war Sarrazin die Unterstützung eines neokonservativen und latent verängstigten Wutbürgertums sicher. Da spricht endlich mal jemand »Klartext«, indem er Apokalyptisches raunt und zugleich den Zorn »der« (für das Übel der Apokalyptik verantwortlichen) Politik herausfordert. Der Provokateur Sarrazin wurde zum Märtyrer. Das war auch in München zu erleben. Im »Literaturhaus« Ende September 2010. Die Nachfrage nach den Karten für die geplante

Podiumsdiskussion mit Sarrazin war so groß, dass die Veranstaltung in eine größere Halle verlegt werden musste. »Das war«, sagte der Literaturhaus-Chef Reinhard Wittmann, »nicht die ungebildete Masse.« Zum »Eklat« (»Süddeutsche Zeitung«) kam es dennoch – oder ebendeshalb: »Das gediegene Münchner Bürgertum hat sich schrecklich danebenbenommen«, so die SZ. Und weiter: »Da wurde gezischt, gebuht und lautstark dazwischengerufen« – und zwar offenbar immer dann, wenn einer der Diskutanten es wagte, Sarrazin zu kritisieren. Der SZ-Reporter schrieb: »In der Münchner Reithalle herrschte ein Hauch von Sportpalast. Gut gekleidete Grauköpfe ereiferten sich nicht nur, sie geiferten.«

Unterstützt wurden sie von einem Sarrazin, der sich schon vor dieser Veranstaltung in diversen Interviews als Opfer präsentiert hatte. Einhundert Prozent der politischen Klasse und siebzig Prozent der Medien seien, so Sarrazin, gegen das Buch. Er wetterte diese Annahme, die durch keinerlei Empirie gestützt wurde, in jedes sich anbietende Mikrofon.

Das könnte das Entscheidende an der ungewöhnlichen Sarrazin-Rezeption sein: Die Käufer des Buches sind vermutlich nicht allesamt den Eugenikern zuzurechnen; vermutlich wollen nicht alle den Islam sofort abschaffen und aus Hauptschulen Hochsicherheitstrakte machen. Und auch der Deutschland-schafft-sich-ab-Satz, wonach alle Juden ein bestimmtes Gen teilen würden, wurde von Sarrazin selbst, dem Erfinder des Sarrazin-Gens, umgehend zurückgepfiffen und als »Riesenunfug« sehr klar eingeordnet. Aber die Käufer unterstützen Sarrazin auch und vor allem deshalb, weil es das Buch zur Wut und zugleich das zur Apokalypse ist. Weil man es so schön empörend finden kann, wenn sich einer empört – und von »den« Medien oder »der« Politik zurechtgewiesen wird.

Ganz folgerichtig kam sogar die Idee einer neuen Protestpartei auf: mit dem Kanzlerkandidaten Thilo Sarrazin an der Spitze. Allerdings: Sarrazins Idee war das, obwohl absurd genug, nicht.

Die Frage, was ihn antreibe, hat Sarrazin einmal so beantwortet: »Die Welt ein Stück weit so zu gestalten, wie ich sie mir vorstelle.« Das ähnelt der Lebensphilosophie von Pippi Langstrumpf: »Ich mach mir die Welt, widdewidde wie sie mir gefällt …« Vielleicht ist das abseits aller Statistiken, in die Sarrazin so verliebt ist, das eigentlich Verbindende zum Wutbürger. Die Vorstellung, die Welt solle so sein, wie man sie sich wünscht. Und wehe, sie ist nicht so. Die Welt nach Vorstellung der Wutbürger: Nichts könnte einem mehr Angst einjagen.

5. Der große Wahnsinn

»Helfen Sie den Abiturienten aus Hellersdorf, ihren Abiball zu feiern!« Dieser Hilferuf war im Sender »Radio Berlin 88,8« zu hören, im Juni 2011. Aufgerufen wurde zur Spende. Per Banküberweisung oder direkt als Abgabe im Sekretariat des Melanchthon-Gymnasiums sollte für »die Armen« gesorgt werden. Die Armen brauchten dringend Geld. Was war geschehen?

Es ging zwar nicht um Hungernde in Afrika oder um benachteiligte Jugendliche – aber als »tragisch« wurde die Geschichte schon bezeichnet. Mehr als 180 Abiturienten der Schule hatten exakt 42 126 Euro gesammelt. Das Event-Unternehmen »Easy Abi« sollte mit diesem Geld bezahlt werden, um einen klassischen Schwarz-Weiß-Ball im feinen Maritim-Hotel am Potsdamer Platz auszurichten. Und dann waren die Easy-Abi-Betrüger mit dem Geld der Abiturienten verschwunden. Einfach so. Der Geschäftsführer ist untergetaucht.

Mehr als 200 Euro hatte jede der betroffenen Familien im Durchschnitt ausgegeben. Allein für den Eintritt 51 Euro je Karte. Nicht mitgerechnet: die Kosten der Frisuren, Ballkleider, Schuhe, Anzüge, Krawatten oder Blumen. »In den letzten Jahren«, so der Sender, der zur Hilfsaktion zugunsten der betrogenen Abiturienten aufrief, »ist die Bedeutung des Abiballs gestiegen.« Bezeugt wird dies durch die Abiturientin Lisa, die außerdem sagt: »Viele Eltern versuchen oft, im Vorfeld Geld zu sparen, auf Urlaubsreisen zu verzichten, um ihren Kindern diese Feier zu ermöglichen.« Aus dem Abi-Streich von einst ist ein Ball der sozialen Distinktionsmöglichkeit geworden: Easy-Abi war nur einer von vielen Anbietern, die dergleichen Bälle und Empfänge im angemessenen Rahmen organisieren.

Gleiches gilt für Kindergeburtstage. Die Agentur »tollkids« aus München meint: »Die Ansprüche der Kids steigen, und wenn moderne Kinder zum Geburtstag einladen, dann muss es schon ein ganz besonderes Event sein.« Die Kosten beginnen bei 450 Euro für das Basispaket, streifen die 750 Euro für die Motto-Party und landen bei 965 Euro für die Fernsteuer-Rennauto-Party. Es ist vor dem Hintergrund dieser Entwicklung nicht verwunderlich, dass in unserer Gesellschaft auch Hochzeiten zunehmend mit Kutsche, Schloss und perfektem Dinner aufwarten müssen, um ernst genommen zu werden. Der »protzigste Tag im Leben« (so die Jugendzeitschrift »Neon«) ist für Jugendliche wieder interessant.

Schwarz-weiße Abibälle, anspruchsvolle Kinder und der protzigste Tag im Leben: Hier ereignet sich etwas Neues in der Mitte der Gesellschaft. Beziehungsweise: etwas Altes ist wieder angesagt. Das Pathos ist wieder da.

Oder die Romantik. Die »Zeit online« zitiert in diesem Zusammenhang (und ebenfalls im Juni 2011) den Schüler Lukas, der die Gesamtschule Rheydt-Mülfort in Mönchengladbach besucht. Lukas macht zwar erst in einem Jahr Abitur, er plant aber jetzt schon den Ball, der auf einer Burg stattfinden soll. Das Ambiente stellt er sich »edel-romantisch« vor.

Dazu passt die Meldung, wonach das Paartanzen wieder gelehrt und gelernt wird. Die Tanzschulen haben Hochkonjunktur, Samba und Wiener Walzer sind im Trend.

Es gibt, im Rahmen einer Phänomenologie der Rückwärtsgewandtheit, auch andere interessante Nachrichten, die nicht von der Renaissance des Luxus oder der Romantik erzählen. Sondern zum Beispiel vom Comeback des einfachen Lebens, von der Hoffnung auf Entschleunigung, von der Wiederkehr des Privaten oder von der Sehnsucht nach Familie. Hier einige Fundstücke aus der täglichen Zeitungslektüre. Wahllos wurden sie während einiger Monate zusammengetragen – und doch zeigt sich: Sie haben verrückterweise alle etwas miteinander zu tun.

Zum Beispiel: Alexander Querengässer. Der gebürtige Sachse studiert in Leipzig Geschichte. Im Frühjahr 2011 musste er allerdings nach Charleston in South Carolina reisen – zusammen mit 500 anderen Männern. Dort sollte der amerikanische Bürgerkrieg nachgespielt werden, der am 12. April 1861 morgens um 4 Uhr 30 mit dem ersten Schuss eröffnet wurde. Querengässer schlief deshalb tagelang auf dem Rasen, in einem Zelt aus Segeltuch. Er trug die Uniform der Südstaatler und ernährte sich von Bohnen und Schweinefleisch. Die Zähne putzte er sich mit einer Bürste aus Schweineborsten. Er verzichtete auf Strom, Handy, Internet. Von einem Reporter befragt, warum er das tue, antwortete er: »In manchen Momenten hat man dann das Glück, das Gefühl zu haben: So war es damals.«

Ähnlich sehen es auch all die Menschen, die den All-tag der römischen Legionäre nachspielen oder sich für das Mittelalter interessieren. Noch nie gab es so viele Ritterturniere in deutschen Städten wie derzeit. Oder historische Märkte. Der Historiker Horst Fuhrmann zu diesem Phänomen: »Überall ist Mittelalter.«

Andere reisen noch weiter zurück in die Geschichte: Aus den USA importieren die Deutschen derzeit den Trend, sich wie im Zeitalter der Dinosaurier zu gebär-den. Männer tragen Fell, robben durchs Unterholz, verbringen Wochen über Wochen im Wald und ver-schlingen nur Fleisch. Dafür gibt es sogar einen Na-men: die »Paläo-Diät«. Auf der Seite »Urgeschmack. de« kann man nachlesen: »Diese Diät orientiert sich an der Ernährung unserer Jäger-und-Sammler-Vor-fahren… Anhänger dieser Diät essen genau das, wo-rauf die Evolution den Menschen in hunderttausen-den von Jahren vorbereitet hat.« Dadurch werde man »schlank, leistungsfähig und überdurchschnittlich ge-sund«. Viele Bücher gibt es schon darüber, eines heißt: »Das Paläo-Prinzip der gesunden Ernährung im Ausdauersport«. In den Internetforen tauschen sich die Anhänger einer steinzeitlichen Lebensweise, die über die Ernährung hinausgeht, so lustvoll aus, dass man sich fast mit Wehmut daran erinnert, dass der Begriff »steinzeitlich« mal ein Schimpfwort war. Heute gilt offenbar das Gegenteil: Wer paläomäßig drauf ist, wirkt irgendwie gesünder. Schade eigentlich, dass sich am Ende des Paläozoikums »das größte Massenaussterben der Erdgeschichte« ereignete (Wikipedia). »Über einen Zeitraum von etwa zehn Millionen Jahren starben zwischen 75 und 90 Prozent aller damals existierenden Arten aus.«

Bezeichnend sind in diesem Zusammenhang auch die »Gedanken zum Tag«, zu hören auf »Bayern 2« im Radio. Es ist der 28. Februar 2011. Die Stimme aus dem Radio jammert. Sie sagt, es gebe nur noch Neonröhren, »kalte« natürlich. Wie schön doch das Kerzenlicht früher gewesen sei. »Warm« natürlich. Und die alte »tickende« Uhr sei einer Digitaluhr gewichen. Und das Feuer (»knisternd«) der Heizung. Und irgendwie kommt die Stimme dann zum Ergebnis, dass unsere Zeit irgendwie nicht so gut sei, dass also früher beinahe alles besser gewesen sei. Das Fachwerkhaus war schöner als das Hochhaus, der Zeppelin war schöner als ein Airbus, der Schutzmann war menschlicher als die Ampel. Nur Gott: war auch früher schon ganz großartig. So endet die Sendung irgendwie tröstlich. Man merkt sich? Bis auf Gott war früher alles besser.

Man könnte hier auch vom »Almdorf Seinerzeit«

auf der Fellacheralm in Kärnten berichten, wo »Ursprünglichkeit mit Luxus« kombiniert wird, wo also der Flatscreen in den auf alt getrimmten Hütten hinter einem Bild versteckt wird. Wer hier Ferien macht? »Menschen, die die Entschleunigung suchen.« So die Hütten-Manager. Man könnte aber auch vermuten: Das sind Menschen, die Flatscreens hinter Bildern verstecken, damit sie sich fühlen, als bewohnten sie eine Alm, wobei sie keine Ahnung davon haben, wie das Leben auf der Alm in Wirklichkeit ausgesehen hat: hart, mitunter menschenfeindlich, meist wenig romantisch und überhaupt so erbärmlich, dass Almbewohner nach Alternativen suchten.

Noch ein Beispiel: Als im Februar 2010 in Süddeutschland die Dächer wegen der oft tonnenschweren Schneelast vom Einsturz bedroht waren, meinten viele Menschen, dass sich hier eben auch der Fluch des modernen Flachdaches zeige. Flach geneigte Dächer, wie sie die Moderne hervorgebracht hat, seien besonders bedroht. Die Natur schlage sozusagen zurück. Was für ein Unsinn! Überall im Alpenraum hat die Baugeschichte flach geneigte Dächer ebendeshalb hervorgebracht, weil darauf der Schnee liegen bleiben soll: und zwar als Beitrag zur Wärmedämmung. Extreme Wetterlagen sind das eine. Das andere ist die ständige Bereitschaft, in der Moderne und ihren kulturellen oder technologischen Hervorbringungen ein Moment des Schuldhaften zu erkennen.

Was ist da los? Die Ferien werden auf der Alm verbracht. Das flach geneigte Dach wird zum todbringenden, kulturfremden Risiko erklärt. Man spielt Bürgerkrieg, schläft unter Segeltuch und lebt von Bohnensuppe. Im Wald sucht man nach Dinosauriern. In der Stadt wünscht man sich einen Mittelaltermarkt. Neonröhren sind gottlos. Es fehlen eigentlich nur noch die Hammelkeulenärmel der Biedermeierzeit.

Oder das Leben, von dem dieses Bild spricht: Die Gitarre wurde sorgfältig auf dem Sofa abgelegt. Die Fenster zum Garten sind weit geöffnet. Auf der Fensterbank stehen Töpfe mit Pflanzen. Und davor sitzt ein blondes Mädchen und stickt an einem Tuch. Das Bild heißt »Stickerin« und stammt von Georg Friedrich Kersting. Wenn man es lange genug betrachtet, spart man sich Betablocker und andere blutdrucksenkende Mittel.

Die Zeit steht nicht nur still auf diesem Bild aus dem Jahr 1812, sie dreht sich um wie bei Momo in Michael Endes Buch. Die Zeiger drehen sich gegen den Uhrzeigersinn. Das Bild ist eine Zeitmaschine, ein Katalysator der Vergangenheit, eine große Feier des »Weißt du noch«, eine Hymne an das »Ach, früher …«

Als Biedermeier wird die Zeit von 1815 bis 1848 bezeichnet. Das Biedermeier beschreibt aber nicht nur die Architektur von Stühlen und Sofas oder die stark gerüschten »Hammelkeulenärmel« der damaligen Damenmode, das Biedermeier ist vor allem eine Beschreibung des damaligen Lebensgefühls. Eines Lebensgefühls, das sich zwischen dem Wiener Kongress (1815) und dem Anfang vom Ende der Restauration (1848) entwickelt hat. Man kann sich für diese Ära interessieren, weil es einige Indizien gibt, dass unsere Zeit eine Art Neo-Biedermeier ist. Eine Neuauflage jener Epoche. Das Biedermeier bedeutete damals Rückzug. Nach der Französischen Revolution und den Napoleonischen Kriegen sanken die Länder Europas ins Chaos. Die Menschen waren müde, verwirrt und ohne Zuversicht. Die alten Traditionen waren erschüttert, Bindungen zerbrochen. Das industrielle Zeitalter kündigte sich an. Alles wurde immer schneller, verwirrender, ungeordneter. Man sehnte sich nach Ruhe, in der Ökonomie, in der Gesellschaft, in den Künsten und in der Politik. Das Zeitalter der Restauration zielte auf die Herstellung der alten Verhältnisse. Die Menschen zogen sich zurück. Stille kehrte ein. Ruhe. Und eine Hingabe an ein großes Gefühl: dass nämlich früher alles besser gewesen sei.

Nichts anderes erleben wir jetzt: Nur dass wir uns nicht nach den vornapoleonischen Zeiten sehnen, sondern uns nach Belieben aus dem Fundus der Rückwärtsgewandtheit bedienen: Steinzeit, Mittelalter, Biedermeier, Klassizismus – alles ist recht, solange es nicht Gegenwart heißt. Oder gar Zukunft.

Unterhaltsam ist ein Beitrag des »Zeit-Magazin«-Kolumnisten Harald Martenstein, dessen Kolumne schon lange ein sicheres Gespür für Mehrheitsfähiges aufweist: »Ich glaube nicht, dass jeder Radiosender alle zwei Jahre einen Relaunch braucht. Ich beabsichtige nicht, am Stil meiner Garderobe größere Veränderungen vorzunehmen ... Häufig lese ich das Wort ›antimodern‹, es wird fast immer in abwertender Absicht verwendet. Antimodern, das heißt Schluss der Debatte. Prangert mich an: Ich bin antimodern. Wenn es heißt, etwas sei ›modern‹, dann denke ich nicht ›super, geil, da muss ich dabei sein‹. Stattdessen denke ich: ›In zwanzig Jahren wird man es wahrscheinlich für eine Dummheit halten.‹ Wenn man die Monarchie wieder einführt, besser gesagt, die Monarchie plus, und Heiner Geißler wird zum König ernannt, dann würde ich dagegen zumindest nicht auf die Straße gehen.«

Das ist lustig. Die Monarchie: auch eine Idee, für die man bald Mehrheiten sammeln wird können.

Wenn früher vieles (wenn nicht alles) besser gewesen ist, wenn man alte Traditionen wiederentdeckt, wenn das Bewahren über dem Verändern rangiert, wenn das Zurückblicken der Normalfall, die Vision aber eine »Krankheit« ist (Helmut Schmidt): Dann könnte man auf die Idee kommen, dass ein neuer Konservatismus in Deutschland herrscht.

Ist das so?

Natürlich ließe sich gegen diese These einwenden, dass ein paar aufgeweckte Menschen, die nach der South-Beach-Diät nun eben die Paläo-Diät für sich entdecken, noch keinen politischen Konservatismus markieren.

Ein paar Abiturienten, die sich in festlicher Laune befinden; ein Geschichtsstudent, der den Bürgerkrieg nachspielt; eine Familie auf dem Mittelaltermarkt; ein Kolumnist, der mutig seine Antimodernität mitteilt; Abstimmungen über Schuluniformen in der Grundschule; die Debatte um den katholischen Gottesdienst, der auch wieder auf Lateinisch gehalten werden könnte; das wiedererstarkte Fach Griechisch auf dem Gymnasium; die Rückkehr der Wanderbewegung; Urlaub »zuhause«; neoklassizistische Fassaden in den Städten; Butzenscheiben-Architektur; Mädchen-Clubs, die ihre Mitglieder auf die sexuelle Enthaltsamkeit vor der Ehe einschwören; das Comeback der Manieren; der Boom der Burschenschaften; das Fernsehen voller Historienspiele; die Zeitungen voller retrospektiver Artikel (»Heute vor 150 Jahren…«); und zu alledem die glänzenden Geschäftszahlen der Firma Manufactum, die von der Behauptung lebt, dass die Dingwelt früher besser war (»Seit 1951 wird dieser Kneipenkicker in einer Tischlerei bei Nürnberg in fast unveränderter Form gebaut…«): Sind das noch Stilfragen im individuellen Bereich – oder ist das schon ein neuer Konservatismus, der einer aufkommenden Antimoderne im politischen, ökonomischen und gesellschaftlichen Bereich entspricht?

Früher, ja, auch das war besser, früher also waren das Konservative und das Progressive, der Fortschritt und der Stillstand, klar konturiert. Das ist vorbei. »Der ewige Kampf«, so Gustav Seibt in einem Essay für das »SZ-Magazin« im November 2010, »der seit der Französischen Revolution in jeder Generation zwischen der Partei der Ordnung und der Partei der Bewegung, zwischen Beharren und Fortschritt, zwischen Tradition und Rebellion herrschte, schien kaum irgendwo so befriedet wie in Deutschland.«

Zumindest wurden die bekannten Fronten und Grenzverläufe zunehmend osmotisch. Man konnte mit einem Mal auf konservative Weise progressiv sein – und als junger Wilder der Jungen Union beitreten. Von CSU-Plakaten lächelten vor einigen Jahren plötzlich junge Damen, die das CSU-Logo als Tattoo trugen, während Antje Vollmer (bis 1990 Mitglied der grünen Fraktion im Bundestag) vehement für die Rekonstruktion des Berliner Stadtschlosses eintrat. Zwischen dem bekannten Konservatismus und der üblichen Revolte gegen alles Konservative kam es immer öfter zum kleinen Grenzverkehr. Die Fraktion der Wechselwähler zeigte auch hier ihre Deutungsmacht. Das Konservative schien nichts anderes mehr als eine Stilfrage zu sein. Ein zusätzliches Lifestyle-Angebot.

Aber das ist es nicht. Nicht nur.

Wer sich an die Sarrazin-Debatte erinnert, der weiß, dass die Angst vor Überfremdung noch nie so groß war in Deutschland; dass die Gesellschaft noch nie so sehr geneigt war zur Exklusion des (und das heißt in letzter Konsequenz auch: der) als bedrohlich empfundenen Fremden.

Wer die Schuldebatten in der Nachfolge des »Pisa-Schocks« reflektiert, der weiß, dass dem Begriff der Bildung nun der des Wissens entgegensteht: Die Schulen dienen nicht mehr der Gesellschaft und der Persönlichkeitsentwicklung, sondern dem individuellen Vorankommen. Privatschulen werden immer wichtiger – und der Hamburger Bürgerentscheid vom Sommer 2010 gegen die Einführung der sechsjährigen Primarschule zeigt, dass Schulwutbürgertum und soziale Selektion an Schulen Hand in Hand arbeiten.

Wer die seit Monaten lauter werdende Diskussion um die »Euro-Krise« studiert, der weiß, dass die Verlustängste der Deutschen noch nie so groß waren. Zugleich war die Bereitschaft, Europa als Ideal, als Utopie und Ziel zu begreifen, noch nie so gering.

Wer schließlich die Diskussionen um die demographische Entwicklung in Deutschland studiert, der weiß, dass Seibt letztlich Recht hat: »Eine Gesellschaft, die sich vor dem Kommenden fürchtet, sichtet ihre Bestände.«

Es gibt einen neuen, zum Reaktionären neigenden Konservatismus in Deutschland, der die Moderne als antiquiert schmäht – und sich zugleich besonders modern, ja »wahrhaft« modern gibt.

Wer an deutschen Gerichten die Protokolle von Nachbarschaftsklagen liest, der bekommt eine Ahnung davon, wie Kriege entstehen.

Kaum etwas beherrschen die Deutschen so gut wie die Nachbarschaftsfehde. »Nacktläufer, Bubenstreiche, Fallobstdiebstahl und Streit über laute Musik: Die Beamten müssen immer öfter wegen Kleinigkeiten ausrücken. Die Bagatell-Anzeigen türmen sich.« So war das unter »sueddeutsche.de« am 25. Mai 2011 zu lesen. Zitiert werden in diesem Bericht auch Kriminologen, die einen Zusammenhang zwischen Zunahme und Demographie vermuten: »Ältere Menschen neigen eher zum Anzeigen als jüngere.« Der Strafrechtsexperte Johannes Kaspar von der Ludwig-Maximilians-Universität glaubt, dass das, was man früher als Kinderei abgetan hätte, heute als Delikt von Jugendlichen in einer immer älter werdenden Gesellschaft wahrgenommen werde. Die Toleranz der Älteren gegenüber Jüngeren nehme ab. Immer häufiger werden deshalb außergerichtliche Schlichter und Mediatoren angerufen. Immer häufiger kommt es dennoch zur Klage. Die Gerichte sind überlastet mit Nachbarschaftsklagen. Polizei und Feuerwehr werden überzogen mit sogenannten Bagatellstreitigkeiten.

Das Fernsehen lebt von derlei Konflikten gut, wie die RTL-Dokusoap »Nachbarschaftsstreit« belegt. Hier dürfen sich die Kombattanten regelmäßig vor der Kamera anfauchen – bevor der Mediator, ein Rechtsanwalt, als Friedensstifter eingreift. Mediation ist ein Gewerbe mit Zukunft.

Vielleicht hätte ein Mediator auch den Fall des Wilfried Reinecke verhindern können. Der war 65, als er sich einen Kleingarten in Gifhorn zulegte und seinen ganzen Ehrgeiz in das perfekte Trimmen des Minirasens legte. Leider wurde der Rasen regelmäßig durch heranfliegende Saatkörner verunstaltet. Reinecke vermutete hinter dieser Infamie die Nachbarn, Familie Kaczmarek. Der Krieg konnte beginnen. Erst gab es Streit und Gezänk, dann Drohungen, dann brannte ein Kaninchenstall und danach die Gartenhütte. Und dann ging Wilfried Reinecke am 22. September 2008 zu den Kaczmareks, nahm einen Knüppel mit – und erschlug Hans Kaczmarek, die Ehefrau Gisela und deren Sohn Martin.

In der Gerichtsverhandlung sagte Reinecke: »Ich würde immer wieder so handeln.« Denn Ordnung sei nun einmal sein höchstes Lebensprinzip.

»Neuer Wahnsinn in Deutschland: Feuer-Terror gegen Kinderwagen«. So lautete eine »Bild«-Überschrift am 18. März 2011. In dem Artikel ging es um zwei »schockierende Fälle« in Berlin, die auch tatsächlich schockierend sind: Zwei Erwachsene und ein Säugling kamen ums Leben, weil Unbekannte die im Hausflur abgestellten Kinderwagen angezündet hatten. Allein im Jahr 2010 wurden in Berlin 45 brennende Kinderwagen der Polizei gemeldet. Aus anderen deutschen Städten wird ebenfalls die Zunahme solcher Brandstiftungen im Streit zwischen Kinderlosen und Familien gemeldet.

Wobei auffällt, dass Konflikte in den Städten oft noch häufiger und handgreiflicher eskalieren, als dies in ländlichen Regionen der Fall ist, die ja für eine gewisse Raubeinigkeit durchaus berühmt sind. Architekten und Stadtplaner machen unter anderem die zunehmende Dichte in den Städten für die Zunahme der

Aggressionen verantwortlich. Das ist paradox. Es ist, als wäre das, was oft als »Urbanität« gefeiert wird, zugleich auch das, was wir am wenigsten gut aushalten können. Dieses Paradoxon betrifft die Zukunft.

Denn die Zukunft ist die der Stadt. Noch um 1800 lebten lediglich zwei Prozent der Erdbevölkerung in größeren Siedlungen und Städten. Einhundert Jahre später waren es zehn Prozent. Ein weiteres Jahrhundert später, jetzt also, sind es fünf Mal so viele. Erstmals in der Geschichte der Zivilisation leben somit mehr Menschen in Städten als auf dem Land. Und, so die Annahmen der UN, bis zum Jahr 2050 werden es 75 Prozent aller Menschen sein. Man spricht deshalb von der Gegenwart als einem »urbanen Millennium«. Beschworen wird die Herrschaft der Stadt über alle anderen Lebensformen. Es ist nicht verwunderlich, dass im Zuge dieser Entwicklung das Wort »urban« Karriere gemacht hat.

Die Firma Puma bietet beispielsweise eine Reisetasche unter dem Begriff »Urban Mobility« an. Eine andere Firma präsentiert eine Handtasche mit der Aufforderung »Be urban!«. In München wird eine Wohnung damit beworben, sie sei »urban, chic und modern«. Das kann man sich für München ja gerade noch vorstellen – aber auch 14 Reihenhäuser am »westl. Rand von Markt Schwaben« werden unter der Rubrik »urban am Sonnenhang« vermarktet. Urban: Das will heute alles und jeder sein.

Ein Fernsehformat heißt »MTV urban«. Angeblich

bringt es »die Clips der Metropolen direkt ins Wohnzimmer«. Urban.de ist dagegen ein Forum, »wo du deine Favorite Rapper mit deinem eigenen Einsatz supporten und dafür sorgen kannst, dass der Name in den Straßen cool bleibt«. Vielleicht bietet der Autohersteller Toyota auch deshalb ein Auto namens »Urban Cruiser« an, als »selbstbewussten neuen Wettbewerber in seinem Segment«. Wobei auch Städte um ebendieses Segment des Urbanen konkurrieren: Berlin etwa, so Berlin über Berlin, »verbindet urbane Dichte mit hoher Lebensqualität«. Was die Stadt Korschenbroich natürlich als Herausforderung empfinden muss: »Die Großstädte«, heißt es in einem Strategiepapier des Korschenbroicher CDU-Stadtverbands, »werden versuchen, aus ihrer Urbanität Kapital zu schlagen, um Menschen an sich zu binden. Die Stadt Korschenbroich nimmt diese Konkurrenz mit Hilfe der Agenda Korschenbroich 2020 als gesunden Wettbewerb an.« Unklar ist, ob sich die Stadt Korschenbroich auch um den »Urban Future Award« bemüht, der von Audi vielleicht auch deshalb vergeben wird, weil man Toyota und seinem urbanen Cruiser das urbane Segment nicht allein überlassen will.

Von Korschenbroich über Audi bis Toyota und zurück nach Markt Schwaben: Alle Welt cruist derzeit mit Begeisterung am Begriff des Urbanen entlang, der längst ein Synonym ist für Modernität und Aufgeschlossenheit, für Zukunftslust und Dynamik. Die seit längerem eher darbende Urbanistik, also die Stadtforschung (das lateinische Wort »urbs« bedeutet Stadt), kann von solchen Images nur träumen. Sie weiß allerdings auch, dass die Stadt als Sehnsuchtsort der Zukunft nicht nur erträumt und vermarktet, sondern auch nach Kräften gehasst wird. Die Stadtliebe erweist sich als Missverständnis.

Jeder will ein urbaner Zeitgenosse sein, die »Renaissance der Stadt« ist so vital wie »das neue urbane Bürgertum« virulent – aber kaum einer scheint die Stadt in dem wirklich auszuhalten, was sie ausmacht, nämlich ein Ort der Gegensätze und Kompromisse zu sein. Während sich die Urbanität an die Spitze der Sehnsuchtsmotive setzt, beklagt sich ebenjene Gesellschaft, die diese Sehnsüchte hegt, über die Folgen der Modernität. Die Zumutungen einer urbanen Lebensweise werden von Gerichten geklärt. Nähe, Heterogenität, das Anderssein, die kulturelle Vielfalt, das Nebeneinander verschiedener Lebensstile: Wir behaupten solches, halten es aber nicht aus. Das zeigt das wahre Gesicht eines Deutschland, das vom »urbanen Flair« faselt – aber gegen den Kindergarten in der Nachbarschaft Klage einreicht; das sich vor Moscheen wie vor Bahnhöfen fürchtet und auf der einen Seite jedem privatwirtschaftlich organisierten Event hinterherläuft, während es auf der anderen Seite den öffentlichen Raum preisgibt. Deutschland ist alles andere als urban – es hat nur seine vorstädtische Tristesse samt der dort kultivierten Leitbilder der Kleinbürgerlichkeit in die Innenstädte transplantiert.

Die Innenstadt: Da wird gegen einen Frosch beziehungsweise gegen den irgendwie für ihn zuständigen Grundstückseigentümer geklagt, der in der Nachbarschaft quakt (der Frosch, nicht der Eigentümer). Da werden Gutachten und Gegengutachten angefertigt von Leuten, die vor Tagesschuleinrichtungen mit großen Richtmikrofonen auf der Lauer liegen, um unzulässige Dezibel einzufangen. Da werden Gated Communities ersonnen nach dem Vorbild von »Celebration City« in Orlando, wo Ordnungshüter darüber wachen, wer wann wen besucht. Da gibt es Bürgerversammlungen, sobald Sozialwohnungen in der Nachbarschaft erbaut werden sollen. Und umgekehrt: Es gibt auch Stadtvillen, die nicht erbaut werden dürfen, weil den ärmeren Bewohnern am Standort der Ausblick auf das teure Wohnen gegenüber nicht zugemutet werden darf.

Wer so etwas liest, bekommt Lust, die Polizei zu rufen, sobald man mal wieder an der Ampel steht – mit Blick auf einen Porsche, der dem Touranfahrer doch schlicht nicht zugemutet werden darf. Die Polizei ist aber eh schon im Einsatz, denn in Berlin wird »Ruhestörung« gerufen, weil die Open-Air-Spielstätte der Volksbühne Dimiter Gotscheffs »Prometheus« nicht mit Flüsterasphalt überzogen hat, der sich mittlerweile dank der Konjunkturprogramme wie Sporenpilze verbreitet.

Fast überall wird derzeit über nächtliche Patrouillen und Bürgerwehren nachgedacht, um die Sperrstundenregelung zu überwachen, die in vielen Bundesländern wieder verschärft werden soll. Vom Rauchverbot auf dem Bahnsteig, vom Hass auf Hunde im Park, von Stuttgart 21 und München 22 und Hamburg 23: Von all dem kann man beinahe täglich lesen. Trotzdem heißt es: »Stadtluft macht frei.« Das ist ein Satz aus dem Mittelalter, in dem die Städte viel lauter, dreckiger und anstrengender waren als heute. Mittlerweile macht die Stadt eher unfrei. Aus der Stadt machen die Sehnsuchtsurbanisten einen Ort voller Polizeieinsätze.

Die Auseinandersetzungen um die Stadt nehmen augenscheinlich genau in dem Maß zu, wie die Sehnsucht nach Stadt wächst. Der Stadtsoziologe Hartmut Häußermann glaubt, »dass die europäische Stadt in den letzten Jahrzehnten ihre klassische Funktion als soziale Nivellierungs- und Integrationsinstanz weitgehend verloren« habe. Wachsende ökonomische Ungleichheiten und flexiblere Lebensformen prägen heute das Bild der Stadt. Die Folgen: Polarisierung und Verdrängung. Die urbane, liberale, bürgerliche Gesellschaft, die man im Zuge der »Renaissance der Stadt« seit bald einem Jahrzehnt am Horizont erblickt, ist ein Scheinriese. Je näher man der so oft beschworenen urbanen Gesellschaft rückt, desto mehr schrumpft das Stadt-Bürgertum zum Kleinbürgertum. Was bleibt, ist dessen Wutgebrüll über die Baustellen des Lebens.

Das heißt nicht, dass Stadtbewohner jeden Krawall hinnehmen müssten. Denn der Aufrüstung auf der einen Seite entspricht die zunehmende Verrohung des öffentlichen Raums auf der anderen Seite. Nur: Die einen Nachbarn fühlen sich von lärmenden Bobby-Car-Insassen im Kleinkindalter bedroht; die anderen Nachbarn von Gangs, die sich ins Koma gesoffen haben und Terror verbreiten. Hier gibt es bedeutsame Unterschiede, aber diese Unterschiede gehen mittlerweile unter im Kampf um die Stadt. Im Kampf auch um einen Begriff der Urbanität, der einmal der Disziplin der Stadtplanung zuzurechnen war – inzwischen aber der Werbung überlassen wurde.

Eines sollten sich die neuen Stadtbürger klarmachen: Seitdem es Städte gibt, war die Stadt ein Ort des Handels, des Wandels und der Auseinandersetzung mit anderen Lebensstilen, anderen Meinungen und anderen Biographien. Wer das nicht aushält, sollte sich vielleicht wieder dorthin begeben, wo er die Heterogenität der Welt nicht fürchten muss. Dorthin, wo es noch gemütlich ist.

»Ich verlange«, sagte Karl Kraus einmal, »von einer Stadt, in der ich leben soll: Asphalt, Straßenspülung, Haustorschlüssel, Luftheizung, Warmwasserleitung. Gemütlich bin ich selbst.« Andere können das nicht von sich behaupten – und die Stadt empfinden sie trotz aller Urbanitätsverheißungen zunehmend als Kampfzone. Was ihnen bleibt: die »Landlust«.

Das ist der Name einer höchst erstaunlichen Zeitschrift. Erstaunlich ist nicht nur das, was zum Beispiel die Augustausgabe 2011 bietet (unter anderem: die Acker-Feuerlilie, die in Niedersachsen wächst und eine ganz erstaunliche »Rarität« darstelle) – erstaunlich ist der ungeheure Erfolg des Heftes, das es erst seit Herbst 2005 gibt. Nach nur einem Jahr konnte das Magazin schon mehr als 100 000 Exemplare verkaufen. 2007 waren es knapp 200 000. Zuletzt, 2010, wurde die Jahresdurchschnittsauflage mit 734 752 angegeben (laut Landwirtschaftsverlag Münster). Landlust, das ist nach Einschätzung des Medienportals »Meedia« die »Print-Erfolgsstory des Jahrzehnts«. Kein Wunder, dass die Story eifrig kopiert wird. Nach der Landlust kam auch das »Landleben« auf den Markt (unter anderem bietet die Augustausgabe 2011: »Gutes vom Bauernhof«). Herausgebracht wurde sodann die »LandIdee« (unter anderem: »Heiß ersehnt: Zwetschgenzeit«). Zudem gibt es »Liebes Land« (unter anderem: »Purpurweizen und Waldstaudenroggen«).

Purpurweizen, Zwetschgen und die Acker-Feuerlilie: Das sind die letzten Heroen einer verblassenden Print-Ära, die abseits der Landlust eigentlich nur Negativschlagzeilen hervorbringt. Inmitten der allgegenwärtigen iPads und Smartphones, der Onlinewerbung und der E-Paper ist der Erfolg eines an sich antiquierten Druckerzeugnisses umso staunenswerter. Und doch ist das Phänomen der neuen Landlust alles andere als ein Wunder. Die enorme Landlust der Gegenwart, die sich auch noch in den Magazinen »LandSpiegel«, »Mein Schönes Land« oder »Hörzu Heimat« bemerkbar macht, dazu in Büchern wie »Landleben: Von einer, die rauszog« oder »Landlust: Ein Selbstversuch in der deutschen Provinz«, ist absolut erklärbar. Es ist eine typische Facette der um sich greifenden Antimoderne.

Die Verstädterung der Welt ist die Realität, die Utopie eines vormodernen Lebens unter rousseauhaften, paradiesischen Bedingungen im Naturzustand ist dagegen jenes Versprechen, das zwar nicht eingelöst werden kann – aber ebendeshalb für Auflage und steigendes Publikumsinteresse sorgt. Je urbaner einem die Gegenwart erscheinen muss, desto sehnsuchtsvoller gerät der Blick auf einen Naturzustand, wie wir ihn in der Vergangenheit vermuten. Von diesem Biedermeier-Blick lebt die Landlust-Industrie.

Auch früher schon, vor allem im 19. Jahrhundert, haben Maler und Literaten angesichts des als bedrohlich empfundenen technischen und sozialen Wandels das Landleben als eine Art Antidot entdeckt. Entsprechend wurde es in Romanen und Gemälden idealisiert. Diese Aufgabe bewältigen heute, im Neo-Biedermeier, die Autoren und Fotografen der Landlust-Branche. Aus Jean-Jacques Rousseau, dem großen Natur-Vordenker des 18. Jahrhunderts, ist der Landlust-Shop geworden, in dem man die Bettwäsche zum Magazin erwerben kann – aus »rohweißem Oberlausitzer Leinen«. Die Bettwäsche ist übrigens mit gezwirnten Wäscheknöpfen zu verschließen und bei 60 Grad waschbar.

Die Natur ist als Imagination konsumierbar – und sei es in Form von Bettwäsche oder eines Magazins, das »Frischer Schnittlauch« titelt und damit mehr als eine Million Leser erreicht. Wird das Landleben aber auch gelebt? 60 Prozent der Menschen in Deutschland leben in Groß- oder Mittelstädten. Die Tendenz ist steigend. »Landleben«, heißt es in einem Essay von Ulrich Stock, »das nur ersehnt, nicht gelebt wird, ist eine urbane Projektion, eine Traumwelt wie im Kino.«

»Neo-Nature«: Das ist der Titel einer Studie vom August 2008, in der es um »den großen Sehnsuchtsmarkt Natur« geht. Sechs Trends werden darin ausfindig gemacht. Erstens: Die Natur fungiere künftig als »Entschleunigungsraum«, also als eine Art Kontrastprogramm zur ach so schnelllebigen Welt. Zweitens: Die Natur werde zunehmend als Ort der »Neo-Romantik« nutzbar, um eine »neue Spiritualität« hervorzubringen. Drittens: Die Natur sei vorbildlich für »natürliche Produkte«. Sie werde der »Ingenieur der Märkte von morgen« sein. Viertens: Natur werde wichtig als »taktiler Erfahrungsraum«. Fünftens diene sie daher auch einer neuen »Bildungskultur«. Sechstens: Die Natur diene schließlich als Ort für »Outdoor-Cocooning«. Nur eines darf die Natur offenbar nicht sein: Natur.

Wer das Wort »Outdoor-Cocooning« lange genug betrachtet, der begreift, warum ein Hochglanzmagazin mit dem Wort »Schnittlauch« auf dem Titel so erfolgreich sein kann. Neo-Nature ist vor allem eines: ein Rückgriff auf den Fundus von Romantik und Biedermeier, eine naive Wunschvorstellung – und ein glänzendes Geschäft dazu.

Deshalb ist auch die Geschichte der »Masai Barefoot Technology« (MBT) eine des Erfolgs. Entwickelt wurde diese Technologie, die mit den Reizworten »Masai« und »barfuß« aufwartet, also mindestens in der Schnittlauch-Liga spielt, 1996 in der Schweiz. Entstanden ist daraus mittlerweile ein sehr merkwürdiger, aber überaus trendgerechter Schuh, der eine bauchige Sohle besitzt, die sich im Zehen- und Fersenbereich extrem nach oben rundet. Man hat das Gefühl, sich damit in einer Hohlkugel fortzubewegen. In der Seitenansicht sieht es aus, als ob MBTler auf untergeschnallten Salatschüsseln durch die Welt, nein, nicht laufen oder gehen, sondern schwappen. Die Masai-Krieger in den Ebenen Kenias stellt man sich irgendwie anmutiger vor als jene Menschen, die mit der Masai Barefoot Technology an den Füßen am Münchner Viktualienmarkt herumkreiseln.

Trotzdem: Die Schweizer Schuhverkäufer sind sehr erfolgreich. Auf ihrer Homepage findet sich der Satz: »Der Körper ist nicht für das moderne Leben geschaffen«, weshalb man nun dringend Schuhe kaufen solle, die »eine natürliche Instabilität beim Gehen und Stehen« garantieren. Was »spürbare Vorteile für die Gesundheit« mit sich bringe, denn in einem MBT-Schuh werde das Gehen und Stehen »auf weichem unebenem Grund« simuliert. Neo-Nature: vom Zeh bis zur Ferse.

Allerdings gibt es ein Konkurrenzprodukt, das die Simulation eines natürlichen Untergrundes durch den Schuh schon deshalb als obsolet erscheinen lässt – weil man auch den Untergrund selbst als Simulation von Natur verkaufen kann.

Das nämlich ist das Neueste auf Bodenhöhe: Die Landhausdielen der Firma Haro verfügen über »eine sanft geschroppte Designoberfläche mit ausgeprägten Höhen und Tiefen«. Dieser Holzboden soll für eine »echte Wellness-Wirkung beim Barfußlaufen« sowie für »emotionale Aufladung« sorgen. Weshalb die Firma auch kein Parkett verkauft – sondern »Wohlfühlparkett«. Das Wohlfühlparkett ist die holzgewordene Fortsetzung der Wohlfühlsocke.

Interessant wäre es nun zu erfahren, ob die Masai-Schuhtechnologie mit dem Wohlfühlparkett harmoniert. Sollte das so sein, ließen sich die Strategien des Outdoor-Cocoonings womöglich sogar im Indoorbereich umsetzen. Aber wie dem auch sei: Von der Behauptung, dieses oder jenes sei in Wahrheit gar nicht »für das moderne Leben geschaffen«, lebt eine ganze Branche. Sie lebt davon, die Moderne als gesundheitsschädlich zu beklagen, weshalb man Parkett, Zeitschriften oder Schuhe benötigt, um in den Naturzustand zurückzukehren. Die Zurück-zu-Branche ist außerordentlich vital. Die Neo-Nature-Romantik macht sich überall breit. Sie lebt von der Konkursmasse des Futurismus, von der Wut auf die Moderne, von der Angst – und von der Hoffnung auf ein besseres Gestern.

Schlimm ist, dass man einfach nicht genau weiß, wer schuld ist. Vieles spricht dafür, dass jener »scheibenförmige Gegenstand mit idealerweise kreisförmiger Kontur, der um seine Symmetrieachse drehbar gelagert ist« ein Hauptschuldiger sein muss. Das Rad also, so wie es liebevoll penibel von Wikipedia beschrieben wird: Fängt damit alles an? Und wann genau? Man weiß es nicht. »Lange galt die sumerische Kultur als Ursprung. Heute liegen die Datierungen von Wagen und Rädern auch aus Mesopotamien für die Mitte des 4. Jahrtausends v. Chr. nahe beieinander. Eine genauere zeitliche und örtliche Einordnung der Erfindung ist noch nicht möglich.« Sagt Wikipedia, das Lexikon im Netz, das insofern vielleicht auch zu den Beschuldigten zu rechnen wäre.

Die Betonung des Wikipedia-Eintrags liegt auf »noch nicht«. Will heißen: aber bald, ganz bald. Denn das Schwarmwissen ist schnell, die Forschung ist schnell, der Informationsfluss ist schnell. Und wenn die Datierung da ist, dann muss diese Information ganz schnell noch in dieses Buch aufgenommen werden. Dann werden Lektoren angemailt und der Verleger angeskypt und die Drucker per Instant-Messenger und Chat in Echtzeit unterrichtet. Die müssen dann schnell reagieren. Alles wird immer schneller. Und schuld sind wahlweise die aus Mesopotamien oder die Sumerer, die vor ein paar tausend Jahren das Rad erfunden und somit die Büchse der Pandora geöffnet haben.

Mit Hilfe des Rades entwickelte sich die Mobilität von Waren, Menschen, Dienstleistungen, Ideen, Nachrichten, Informationen spätestens vom Beginn der Neuzeit an exponentiell. Seither rast die vernetzte globalisierte Welt in einem immer schnelleren Tempo und in immer dichter werdenden, zeitlich wie geographisch gemeinten Räumen dahin. In einer solchen Welt müssen sich die Menschen fühlen wie Kugeln in einem Flipperkasten. Den gibt es übrigens auch nicht mehr – und wer so ein Bild wählt, erscheint heute in Wiki-Zeiten wie ein Mensch aus dem Pleistozän.

So merkwürdig es auch klingt: Wer sich – nicht in jedem Fall zu Unrecht – in München der dritten Flughafen-Startbahn und in Berlin dem neuen Großflughafen in den Weg stellt, wer weder etwas von einem neuen Bahnhof in Stuttgart, der neuen Umgehungsstraße oder der Magnetschwebebahn wissen will, der hat mit seinem Protest am unbedingten Vorwärtskommen sowohl etwas mit der Kritik an der modernen Gesellschaft zu tun als auch mit der wachsenden Sehnsucht nach Entschleunigung. Beiden gemeinsam ist dabei: der Hass auf Tempo, Geschwindigkeit und jenes Phänomen, das im Comic gelegentlich als »Rooooooaaar« auftaucht. Lange vorbei, im Februar 2011 ist es exakt ein Jahrhundert, ist die Zeit, da auf dem Kühlergrill eines Autos der »Spirit of Ecstasy« herrschte, um vom Rausch der Ekstase zu künden. Vorbei auch das Delirium. Vorbei die Begeisterung für Autos, Flugzeuge, Züge, Schiffe, ja für das gesamte

Zubehör des Dynamismus. Nun herrschen, egal in welcher Sphäre der Gesellschaft, ob Infrastruktur, Arbeitswelt oder Zuhause, ganz unterschiedliche Formen der Antimoderne.

In der Moderne-Kritik treffen sich die Sehnsucht nach Erlösung durch Protest und die Sehnsucht nach Erlösung durch eine neue Spiritualität, begegnen sich lautstarke Empörung und die Stille einer esoterisch angehauchten Innerlichkeit. Die trillerpfeifenbewehrten, agilen Wutbürger, die den öffentlichen Raum suchen, und die zum Eskapismus, zur Flucht ins Private neigenden Esoteriker, die es sich auf ihren Relax-Möbeln zuhause im Kokon der Wohnung gemütlich machen: beide eint der berechtigte Wunsch auf Entschleunigung, auch wenn dieser sich bisweilen ins Groteske steigert. Es ist ein großes Bremsen in der Welt. In Stuttgart pfeift man darauf, ein paar Minuten schneller von A nach B zu kommen. In der Arbeit pfeift man auf die ständige Erreichbarkeit.

Man kann das gut verstehen. Es ist aber eine Überreaktion auf die Geschichte der Moderne, die zugleich eine Geschichte der Geschwindigkeit und eine der kleiner werdenden Räume ist, also auch eine der Globalisierung. Die Kritik daran ist dort berechtigt, wo sie mehr ist als Ressentiment. Denn es kommt beim Fahren auf beides an: auf die Bremse – aber auch auf das Gasgeben. Und vor allem auf das Wissen, wohin man eigentlich will.

104 Tage brauchte ein Reisender noch bis Mitte des

19. Jahrhunderts, um einmal die Welt zu umrunden. Behauptet der »Spiegel« in einer Titelgeschichte zum Thema »Wege aus der Burnout-Falle« (vom Juli 2011). Dann, von 1850 bis 1930, seien es nur noch 29 Tage gewesen – mit dem Dampfschiff. Schließlich, mit dem Propeller-Flugzeug: drei Tage. Seit den sechziger Jahren und mit dem Aufkommen der Düsenverkehrsflugzeuge sind es mittlerweile nur noch zwei Tage.

Solche Vergleiche sind immer verblüffend, führen sie doch überdeutlich vor Augen, dass die Geschichte des Fortschritts tatsächlich auch eine des Fortschreitens ist. Und nicht nur des Fortschreitens, sondern des immer schnelleren Fortkommens. Gerne wird in diesem Zusammenhang der französische Philosoph, Mathematiker und Literat Blaise Pascal aus dem 17. Jahrhundert zitiert: »Das ganze Unglück der Menschen rührt allein daher, daß sie nicht ruhig in einem Zimmer zu bleiben vermögen.«

Die Geschichte der Moderne als eine Geschichte des Vorwärtskommens, des Schnellerseins, des Überallseins und des überall und immer Erreichbarseins: Sie wird heute verantwortlich gemacht für das immer stärker sich ausbreitende Gefühl des Ausgebranntseins.

Kein Wunder, dass das Interesse an jenen Folgen und Krankenbildern, die meist verkürzt unter dem Begriff des Burnouts diskutiert werden, entsprechend groß ist. Das zeigt das erfolgreiche Buch »Brief an mein Leben: Erfahrungen mit einem Burnout« der Autorin Miriam Meckel, das schon bald nach dem Erscheinen im März

2010 zum Bestseller wurde. Es zeigt sich aber auch an ebenfalls erfolgreichen Büchern, die zum Kanon der Kritik an jenen neuen Medien gehören, die als Vehikel permanenter Reizüberflutung dienen. Zeitgleich (was lustigerweise wie ein Rennen wirkte) erschienen im Juli 2010 das Buch von Alex Rühle (»Ohne Netz: Mein halbes Jahr offline«) und jenes von Christoph Koch (»Ich bin dann mal offline. Ein Selbstversuch: Leben ohne Internet und Handy«).

Internet, Handy, Online-Status, E-Mail-Verteiler: All diese Erfindungen werden heute wie weiland Eisenbahnen, Propeller-Flugzeuge oder Pferdekutschen gemeinhin vorgeladen, sobald es um die Abrechnung mit den »modernen Zeiten« geht, die den Menschen entmündigen, ihn krank machen oder ihn gar ins Grab bringen. Wobei die Vorwürfe immerzu in einem zentralen Argument münden. Der »SPIEGEL« bringt es folgendermaßen auf den Punkt: »Die Paradoxie der Moderne ist indes: Wir gewinnen Zeit im Überfluss – und sehen sie zugleich immer schneller verrinnen.« An dieser Kritik hat sich seit Chaplins Film »Modern Times« kaum etwas geändert. Der Film, man kennt das Bild vom armen Chaplin, wie er inmitten riesiger Zahnräder in die Maschinerie der Moderne gerät, stammt aus den 1930er-Jahren. Insofern ist wenigstens die Kritik an der Dynamik der Moderne erfrischend anders: nämlich statisch.

Richtig ist, dass die neuen Medien neue Krankheitsbilder mit sich gebracht haben. Auch die Industrialisierung ging mit neuen Leiden einher. Es ist ein steter Anpassungsprozess. Man könnte auch Evolution dazu sagen. Aber man kann natürlich auch immerzu behaupten, dass die Moderne ihrem Wesen nach pathologischer Natur ist und alles, was ihr zur Beute wird, vernichtet. Die Frage wäre dann nur: Hat auch das Telefon zu Opfern geführt oder der Telegraph, die erste Schiffsüberquerung des Atlantiks? Wenn man sich durch eine Zeitreise der pathologischen Zeitumstände entledigen könnte, wohin würde man dann reisen: ins alte Rom? Ins Biedermeier? Oder reicht ein Sprung ins Jahr 1991, als in Genf die individuelle Nutzbarkeit des Internets durch die Vergabe von »www«-Adressen noch nicht gegeben war?

Dann ließen sich nicht knapp drei Millionen Einträge zum Thema »Downshifting« ergoogeln. Das Phänomen Downshifting, das mittlerweile epidemische Ausmaße annimmt, ist die Neusprech-Übersetzung dessen, was im erwähnten »Spiegel«-Text mit »Jetzt mal langsam!« daher-, nein, nicht -kommt, sondern daherschlendert, daherschleicht, dahertrottet. Jetzt mal langsam.

Wörtlich könnte man das Downshiften mit »Runterschalten« übersetzen. Jene, die es betreiben, wollen beruflich und privat kürzertreten. Rein begrifflich stammt das Phänomen aus den USA, wo die Folgen beruflicher Überlastung schon viel früher als bei uns zu besichtigen waren. Den Burnout haben wir auch von dort importiert. Während der Begriff des Downshiftens von dem irischstämmigen Wirtschaftswissenschaftler und Gesellschaftskritiker Charles B. Handy geprägt wurde. Er, der Mitbegründer der London Business School, veröffentlichte das Buch »Die Fortschrittsfalle. Der Zukunft neuen Sinn geben«. Vergleichbare Bücher heißen »Downshifting« (John D. Drake) oder »Weniger arbeiten, mehr leben« (Hajo Neu). Zuletzt, im Februar 2011, ist noch Wiebke Sponagels Buch »Runterschalten! Selbstbestimmt arbeiten – gelassener leben« dazugekommen. Was die Bücher und Essays zum Thema Runterschalten angeht, kann man nur feststellen: Die Autoren haben mittlerweile ein paar Gänge hochgeschaltet. Das Publikum ist dankbar.

Seit ein paar Jahren wird in gewissen Kreisen offenbar immer öfter immer kürzer getreten. Viele Prominente und Bekannte lassen sich Jahr für Jahr mit dem Downshifting in Verbindung bringen: Sabine Christiansen wollte sich, als sie ihren Politik-Talk vor Jahren aufgab, erst einmal in aller Ruhe sortieren. Jürgen Klinsmann gab vor Jahren den Job als Bundestrainer der Fußballnationalmannschaft auf, um seine »eigene Balance wiederzufinden«. So ein Satz wäre noch zu Zeiten des Berti Vogts undenkbar gewesen. Damals war Maloche angesagt. Leistung sollte sich lohnen. Und wer auch immer von sich sagen konnte, eine 80-Stunden-Arbeitswoche zu haben, tat dies lautstark. Nicht so Matthias Platzeck, der einst, im Jahr 2006, überraschend vom Amt des SPD-Parteichefs zurücktrat, um als brandenburgischer Ministerpräsident

(»nur noch«) etwas kürzerzutreten. Nach zwei Hörstürzen allerdings: »auf dringenden ärztlichen Rat«.

Mal hört man von Ex-Topmanagern, die mittlerweile eine Almhütte betreiben, mal von Ex-Profifußballern, die einen Freizeitkick organisieren, mal von Ex-Topmodels, die einen Kräutergarten besitzen und spirituelle Mooswanderungen in Vollmondnächten anbieten.

Das zunehmende Bedürfnis nach einem Leben in niedrigen Gängen und mit einem Fuß auf der Bremse mag am zunehmenden Arbeitstempo, an der permanenten Erreichbarkeit, an der Dauerforderung nach Mobilität, Flexibilität und an der Formel des lebenslangen Lernens liegen. Was sich aber oft ähnelt, das sind die gesellschaftlichen Reaktionen darauf. Zum einen gibt es viel Verständnis dafür – zum anderen macht sich auch die Sehnsucht bemerkbar, es den Downshiftern nachzutun.

Wenn es nur so leicht wäre. Das ist das Irritierende am Volkssport Downshifting: Er muss fast ohne Volk auskommen, denn in der Regel ist man auf seinen Job angewiesen. Die wenigsten Menschen können sich das ostentativ ausgelebte Prinzip »Weniger ist mehr!« leisten. Um runterschalten zu können, müsste man erst mal die höheren Gänge eingelegt haben. Das können die wenigsten Menschen von sich behaupten. In einem »SPIEGEL«-Bericht über das Downshifting wird in diesem Zusammenhang Claus Rottenbacher, 41, zitiert. Der habe als Unternehmensberater »sein Lebenspensum an beruflicher Hochleistung bereits hinter sich gebracht« – und nun sage er eben: »Ich denke nicht mehr in Wertschöpfung.«

Wertschöpfung, Erfolg, Leistung, Karriere... Fortschritt: Mittlerweile steht hierzulande einiges auf dem Index, was früher zum bundesrepublikanischen Selbstverständnis zählte. Das kann man positiv sehen. Auf der individuellen Ebene. Man hat es geschafft, viel geackert – und jetzt will man es eben mal ein bisschen langsamer angehen lassen. Die Frage ist aber: Können wir uns angesichts der Probleme in der Welt wirklich ausruhen? Können wir uns ausruhen, wenn sich die allermeisten Menschen nicht ausruhen können? Und was erzählen wir unseren Kindern, wenn sie uns danach fragen, was wir angesichts einer ungewissen Zukunft und so vieler ungelöster Probleme gemacht haben? Sagen wir ihnen dann zum Beispiel: Kinder, stresst nicht so, wir mussten wirklich mal runterschalten, wir haben viel Wellness gemacht, die eigene Balance gesucht und den Sinn des Lebens. Um euren Kram konnten wir uns einfach nicht mehr kümmern. Downshifting, versteht ihr?

Wenn es einen Bautypus gibt, der für unsere Zeit spricht, etwas, das von unseren Sehnsüchten und Wünschen kündet, nach all den Kathedralen des Mittelalters, nach den Schlössern und Palästen der Renaissance, den Fabriken der Moderne und den Glitzerbanktürmen der Postmoderne, nach all den Museen, Rathäusern oder Bibliotheken, dann ist das entweder die Chillout-Lounge, die Saunalandschaft, die Wohl-fühloase, das Kreuzfahrtschiff – oder die Mupfel.

Die Mupfel heißt eigentlich »Lomme« und ist ein Bett mit Überrollbügel. Aber weil das, was im Januar 2008 auf der Kölner Möbelmesse präsentiert wurde, so organisch und letztlich muschelförmig wirkt, darf man sich an »Urmel aus dem Eis« erinnert fühlen, an Max Kruses Kinderbuch also und an Wawa, den Waran, so-wie an Ping, den Pinguin. Man erinnert sich: Wawa ist der stolze Bewohner einer großen, aufklappbaren Mu-schel, die Ping, der dazu Mupfel sagt, auch einmal aus-probieren möchte. Nur lässt Wawa ihn nicht. Er sagt, er könne in dieser Mupfel so schön nachdenken: »Die Sonne geht auf und unter und zieht über mich hinweg. Und der Mond geht auf und unter und zieht über mich hinweg, und die Sterne ziehen über mich hinweg…«

Genauso funktioniert Lomme, das Überrollbügel-bett: Es blendet die Welt aus. Wer in Lomme liegt, was »Light over Matter Mind Evolution« heißen soll, der liegt in einem in Liechtenstein produzierten Bett mit Matratzen-Massagesystem, Lichttherapieanlage und iPod samt »beruhigender Musik und geführten Me-ditationskursen«. Die Lommeschale, so der Herstel-ler, grenze Lärm aus, fördere Körperenergiezonen, be-schleunige alle Heilungsprozesse und beschütze einen ganz allgemein wie ein »Cocoon«, also wie ein Kokon. In Lomme kann man liegen, und die Welt zieht über einen hinweg wie zu seligen Kinderbuchzeiten.

Die Möbelbranche, die schon längst das Cocooning

entdeckt hat, bietet mit Betten wie Lomme das, was einst als Biedermeiersofa bekannt wurde. Nur mit zusätzlicher Lichttherapie.

Es gibt immer mehr Möbel, die dazu da sind, die Welt auszublenden. Nicht nur die Sonne soll über einen hinwegziehen und die Sterne, sondern auch das Nahostproblem, die versiegenden Bodenrohstoffe, der Streit um den Klimawandel, das EU-Desaster, Stuttgart 21, die Integrationsdebatte... weg mit der Welt, her mit Light over Matter Mind Evolution. Tatsächlich erinnern die großen Möbelmessen in Mailand und Köln seit einiger Zeit an gigantische Sanitätshäuser im Dienst einer zunehmend geriatrischen Gesellschaft, die Rückenprobleme und Schlafstörungen zu ihren großen Krisen rechnet und eine mehr als merkwürdige Philosophie namens »Wellness« hervorgebracht hat.

Ein bewusstes Leben ist das eine, was unsere Gesellschaft anstrebt. Das andere sind vor allem Betten und Kissen. Die Generation Downshifting ist auch die Generation Mupfel. Wie kaum ein anderes Wort hat sich der Begriff der Entspannung seit einiger Zeit in der Gesellschaft etabliert. Es gibt kein Deo mehr, kein Duschgel und keinen Früchtetee, die nicht »Momente der Entspannung« garantieren. Im Buch »Fuck it! Loslassen, Entspannen, Glücklichsein« heißt es: »Sagen Sie ›Fuck it!‹ zu allem, was Sie belastet, es ist der perfekte Ausdruck der westlichen Welt, der alle fernöstlichen Weisheitslehren in sich vereinigt.« Florian Illies schreibt dazu in der »ZEIT« im Dezember 2010:

»Wenn das Brüllen von ›Fuck it!‹ inzwischen als buddhistische Entspannungsübung durchgeht, dann wird sichtbar, wie begierig unsere Gesellschaft von Freuds Analytikercouch auf den west-östlichen Diwan umsteigen will… Und diese Umorientierung Richtung Fernost vollzieht sich, wie in Deutschland üblich, gründlich. Genau da liegt die Skurrilität: in dem allgegenwärtigen Bemühen, die Weisheitslehren von Buddhismus, von Yoga und Zen-Meditation mit deutscher Effektivität zu verbinden.«

Das ist die Pointe des Mupfel-Rückzugs: Er dient am Ende nur der Leistungssteigerung. Oder mit den Worten des Betten-Fabrikanten Schramm, der in einer PR-Mitteilung seine Linie »Purebeds« anpreist: »Entspannt und ausgeschlafen in den Tag zu starten bedeutet Lebensqualität, für die es kein Mindestalter gibt. Ganz gleich, ob Schüler, Berufseinsteiger oder Routinier – alle können tagsüber ihre Leistungsfähigkeit nur dann voll abrufen, wenn sie sich nachts optimal regeneriert haben.« Eine Einrichtung wie die Münchner »Energy-Lounge« bietet daher unter anderem: »die Verbesserung des Zellstoffwechsels, die Verbesserung des Blutdrucks… bis hin zur Verbesserung der Vitalität der Hautzellen«. Alles muss besser werden. Alles wird optimiert. Aber nicht im Dienst der Welt, die man auch mal verbessern könnte, sondern im Dienst des eigenen, sehr großen Ichs. Die Zeit des Runterschaltens und der Entsagung ist in Wahrheit eine Ära der Ichlinge, die nur eines optimieren: ihr persönliches Interesse.

Es war wie früher. New York wollte die Stadt sein, die niemals schläft – und Chicago wollte New York mal wieder ausstechen. Was ja schon einmal gelang, schließlich ist Chicago immer noch die Wiege der Wolkenkratzer. Damals, vor vielen Jahrzehnten, als Chicago und New York der Welt ein einzigartiges Rennen boten, als hier wie dort die Häuser immer höher und höher wurden, als um die Lufthoheit in der Moderne gerungen wurde, die sich auch durch die Erfindung des Aufzugs und jene Innovation der vertikalen Stahl-Architektur auszeichnete, damals waren Chicago und New York fast gleichauf im Rennen um den Ruf, die schnellste, großartigste, ungeheuerlichste, babelhafteste und, ja, modernste Stadt der Welt zu sein.

Nun sind sie es wieder: im Rennen.

Was aber die Höhe angeht: Längst werden die höchsten Häuser der Welt anderswo erbaut, in Dubai, Afrika, Asien, Indien.

Aber das alte Rennen geht offenbar weiter. Nur wollen die alten Heroen der Zivilisation, New York hier und Chicago dort, heute jeweils die grünsten, die nachhaltigsten, die natürlichsten und gesündesten Städte der Welt sein. Vor einiger Zeit hat der Bürgermeister von Chicago beschlossen, dass seine Stadt die grünsten Dächer der Zukunft haben solle. Und New Yorks Bürgermeister hat am selben Tag beschlossen, dass New York die grünste Stadt der Welt werden solle, die nachhaltigste Kapitale, die futuristischste Metropole. Kein

Superlativ im Rennen der alten und neuen Kontrahenten blieb unbeachtet.

Es ist fast lachhaft: Einst traten die beiden Städte gegeneinander an, um sich an Raserei, Höhenrausch und Utopismus zu überbieten. Nun sind sie wieder im Ring. Aber es geht um das Gegenteil, um Bescheidenheit, Demut und um Utopismus. Nichts illustriert den Siegeszug des globalen grünen, ökologischen Denkens so gut wie die Neuauflage der alten Konkurrenz zweier Städte, die dem grünen Denken noch vor wenigen Jahrzehnten so fern standen wie nur irgend denkbar.

Das ist die gute Nachricht.

Die schlechte: Es handelt sich bislang nur um Green Glamour. Grün ist nur ein Wort.

Es geht um Heuchelei. Um Marketing, Augenwischerei, Angeberei, Behauptung, um pure Suggestion. Alles ist, wie es war. Das globale grüne Denken ist kein grünes Denken. Das gilt für New York, für Chicago – aber eben auch für Stuttgart oder für die Grünvorzeigemetropole Tübingen. Es ist die Stunde der Heuchler und Moralisten. Es geht um den Siegeszug des Vorgeblichen und des Anscheinenden. Und um einen des unerträglich laut werdenden Moralismus. Das gilt nun vor allem für Deutschland, den Musterknaben der Nachhaltigkeit, wo die Präfixe »Bio« oder »Öko« schon seit Jahren eine Ausnahmekonjunktur erleben. Eco sells.

Aber wie und wann kam der Green Glamour eigentlich auf die Welt? Wann wurde es populär, ein »Öko« zu sein? Nicht im Sinn der frühen Umweltschützer und ihres fair gehandelten Brennnessel-Tees, den man in Lehmhütten genießt, die wie Schlumpfhäuser nach Bauplänen von Friedensreich Hundertwasser aussehen, sondern eher im Sinn einer neuen grünen Smartness? In einem Stil, der die Lust an Prada mit der Furcht vor Kohlendioxid verbindet. Wann wurde das chic?

Vielleicht war es damals, vor einigen Jahren, als sich der Starsurfer Kelly Slater ein Ökohaus errichten ließ. Oder kurz danach, als George Clooney in Los Angeles erstmals im Hybrid-Auto gesehen wurde. Vielleicht auch etwas später, als sein Kumpel Brad Pitt nach der Hurrikan-Heimsuchung im Jahr 2005 zusammen mit der Umweltorganisation »Global Green USA« ein »grünes Haus« nach dem anderen für die Menschen von New Orleans entstehen ließ.

Oder war der Grünglamour erst in der Welt, als ein britischer Musiker namens »Sting« erstmals einen biologisch erzeugten Rotwein auf den Markt brachte (2009), den er bis heute den Weinbergen rund um seinen Gutshof Il Palagio im toskanischen Figline Valdarno abringt? Nein, Green Glamour ist doch schon etwas älter. Auch die Bio-öko-Nachhaltig-keits-Kekse, die Prinz Charles herstellt, sollte man berücksichtigen. Und natürlich Madonna, die große alte Dame des Pop.

Madonna sang schon zwei Jahre vor Stings Wein-

Initiative für eine bessere, gesündere, grünere Welt. Das war im Juli 2007 in London, beim Benefizkonzert »Live Earth«. Für die Veranstaltung hat sie extra das Lied »Hey You« geschrieben. Darin heißt es sinngemäß: »Hey ihr, gebt nicht auf, es ist noch nicht zu spät, es gibt noch eine Chance für uns.« Eine Chance, um unseren Planeten zu retten vor dem Klimawandel, vor unserem verschwenderischen, ruinösen Leben. Vor all diesen Partys, den Autos, vor dem Konsum, vor dem Exzess. Ein schönes Lied. Und Madonna sorgte so nicht nur für ein grüneres Bewusstsein, sie tat auch etwas für ihr eigenes Image: Wer heute wahrhaft modern sein will, der denkt nämlich grundsätzlich grün.

Leider veröffentlichte der Online-Dienst »Bang« kurz nach dem Konzert die Behauptung, Madonna verbrauche so viel Kohlendioxid wie 14 000 Menschen in Malawi. Denn »die mehrfache Millionärin besitzt nicht weniger als neun Häuser überall in der Welt. In ihren Garagen stehen wenigstens sechs Nobelkarossen. Und die schlucken – ob Oldtimer oder Sportwagen – nicht gerade wenig Sprit. Mindestens drei Mal jährlich steigt sie in ihren Privatjet, um zwischen den Domizilen und anderen Veranstaltungen hin und her zu pendeln: Jeder Durchschnittsbürger, selbst die mit Dienstwagen und ausgedehntem Urlaub in Übersee, hat eine bessere Ökobilanz.«

Fazit: »Madonna predigt Wasser und trinkt Wein.« Vielleicht aber immerhin den von Sting. Außerdem, so der Online-Dienst, sei sie finanziell beteiligt an so bekannten Umweltschutzorganisationen wie zum Beispiel »BP«. Ökonomisch wäre das vernünftig: Um ihre Oldtimer, Sportwagen oder den Privatjet zu mobilisieren, braucht sie Sprit. Den kriegt sie für viel Geld von BP – und weil sie an BP beteiligt ist oder sein soll... genau. Madonnas Sprecher sagte angeblich zu dem Bericht: Okay, ja, nun, Madonna habe eben gerade erst begonnen, ein ökologisches Leben zu führen: »Ihre Zusage für das Live Earth war bloß der erste Schritt ihres Vorhabens, Verantwortung für die Umwelt zu übernehmen. Sie bringt es sich bei und hat angefangen, Veränderungen um sich herum vorzunehmen. Das zeigt ihre Aufmerksamkeit und ihre Sorge um die Zukunft des Planeten.«

Warum nicht, vielleicht stimmt das sogar.

Dennoch ist es seltsam, wie viel Prominenz sich derzeit auf das Label »Grün« einlässt. Und denkwürdig dabei ist die Frage, wann ein Label nur ein Label ist – und wann es hilfreich ist.

Man kann nicht grundsätzlich behaupten, dass die Modebewegung der Ökologie nichts bewirke. Manchmal müssen die Clooneys und Madonnas dieser Welt vorangehen, um die Masse für den gleichen Weg zu interessieren. Vielleicht klappt es ja. Das wird die Zukunft zeigen. Fest steht: Nur massenwirksames grünes Verhalten wird es schaffen, dem Klimawandel etwas entgegenzusetzen.

Wie jedermann weiß, ist die Auto-Firma Toyota, die schon früh auf die umweltschonende Hybrid-Technologie gesetzt hat, während BMW immer noch die »Freude am Fahren« vermarktet hat, ein rasend grünes Unternehmen. Oder? Eben nicht. Denn in Wahrheit wurden nur wenige »Prius«-Modelle mit Hybridmotor (Slogan: »Die Zukunft atmet auf«) verkauft. Extrem wenig im Vergleich zur sonstigen Flotte. Trotzdem hat es Toyota geschafft, immer noch als grüner Branchenprimus zu gelten. Grün ist zunächst vor allem ein Image, eine Marketingstrategie, eine Mode, eine Performance.

In Deutschland ist man schon lange umweltbewusst. Deutschland ist grüner, ökologischer, umweltbewusster als viele andere Länder. Aufs Ganze gesehen. Finden wir. Aber wir sind auch preisbewusst. Und manchmal finden wir Geiz richtig geil. Das »Schnäppchen« ist ein herrliches deutsches Wort. Deshalb fluchen wir, sobald der Sprit wieder mal teurer geworden ist. Böse sind wir auf die Stromkonzerne, die uns so viel Geld abknöpfen. Das Essen im deutschen Supermarkt ist das billigste der Welt, und dann wundern wir uns über die Lebensmittelskandale. Schuld sind immer die Unternehmen, die Politik, die Skrupellosigkeit der anderen, die Verschwörungen ... nur einer bleibt ohne Schuld: der preisbewusste deutsche Verbraucher. Wir Konsumenten sind zwar rasend grün, geben aber für ein grünes Leben nicht gerne Geld aus. Und wenn wir schon mal verzichten müssen, dann tauschen wir den alten 911er Porsche um gegen einen Hybrid-Cayenne, der »für seine Leistung« nun wirklich nicht mehr viel Sprit braucht. Dazu passt, was Jochen Böhle, der Projektleiter Touareg-Hybrid bei VW, über den typischen Kunden für Hybridwagen sagt: »Der Hybridkäufer ist Überzeugungstäter, er kauft aus Imagegründen und freut sich, im Yacht- oder Golfclub davon erzählen zu können.«

Es trifft daher nur allzu sehr zu, was Johan Schloemann in der »Süddeutschen Zeitung« vom 30. März 2011 schreibt: »Wenn die Partei der Grünen im Kern des südwestdeutschen Bürgertums angekommen ist, wie jetzt geschehen, wenn sie in Kleinstädten über zwanzig Prozent liegt, wenn sie in den Großstädten und Universitätsstädten an die vierzig Prozent herankommt – dann wird das Grün der Grünen endgültig zum zeitgemäßen Ausdruck der Widersprüche, in denen der leidlich aufgeklärte Mensch der westlichen Welt heute steckt. Man könnte auch sagen: Es ist die Stunde der Heuchler.«

Und weiter: »Der global verbreitete urbane Lebensstil ist durch die Ökologie insgesamt in Frage gestellt: Mobilität durch Bildung, Pendelverkehr und Flugreisen, kapitalistische Produktvielfalt, Ästhetik des Konsums, Partizipation durch Wohlstand, leuchtende Städte, Massenmedien, der riesige Stromverbrauch des Internets, beheizte Wohnungen und warme Duschen – all das steht auf dem Spiel oder müsste massiv eingeschränkt werden, wenn die Gesellschaft tatsächlich radikal auf Nachhaltigkeit umgestellt würde.« Auf jenen

Begriff also, der inzwischen zum festen Vokabular des Party-Smalltalks grün angehauchter Hedonisten mit schlechtem Gewissen gehört. Schloemanns Analyse der Inkonsequenz des deutschen Grünseins als Signum unserer Zeit, als Ausdruck auch des um sich greifenden, sogenannten grünen Philistertums, ist kaum etwas hinzuzufügen.

Gäbe es die von Schloemann aufgezeigte heuchlerische Inkonsequenz des grünen deutschen Denkens nicht, so gäbe es auch all die Produkte nicht (oder sie wären nicht so erfolgreich), die dieses Denken mit dem nötigen guten Gewissen ausstatten. Die Produktpalette des modernen Öko-Ablasshandels begegnet einem im Alltag auf Schritt und Tritt. Nur ein Beispiel: Ein Zauberwort gibt es, Energieeffizienz, das zu immer ökologischeren Häusern führt, besser gesagt zu luftdichteren, die mittlerweile aber für ein Schimmelproblem verantwortlich sind. Dieses Schimmelproblem kann nun durch elektrisch geregeltes Fensteröffnen gelöst werden, was dann mehr Strom kostet. Auf die Idee, im Winter einfach öfter einmal selbst das Fenster zu öffnen, kommen die Energiesparer offenbar zu selten.

Überhaupt sehen Häuser inzwischen mit all ihrem Öko-Zubehör aus wie die Apparate-Medizin des ökologischen Zeitalters. Vor allem in Deutschland, das führend ist auf dem Terrain der Öko-Architektur, werden die Einfamilienhäuser immer energieeffizienter. Nur leider bleiben es Einfamilienhäuser weitab von städtischer Dichte, die zusammen mit der in Deutschland wie mit Waffengewalt verteidigten Pendlerpauschale zu einer verheerenden Öko-Bilanz führen.

Einer der bekanntesten Architekten für energetisch aufgerüstetes Bauen, Thomas Herzog, weiß, dass sich viele private Bauherren Energiesparhäuser wünschen. Aber dort, wo es schön ist. Im Grünen. Das Pendeln nehmen sie gern in Kauf. Tatsächlich ist es so, dass die hochverdichtete Metropole Hongkong, was die auf die Einwohner umgelegte Energiebilanz betrifft, ökologischer ist als Starnberg.

»Die Grünen sind eine Partei der Gutsituierten geworden«, sagt Andrea Nahles von der SPD. Sie hat Recht. Man hätte nicht gedacht, dass man mal der SPD Recht geben könnte.

6. Abschied von der Zukunft

Friedrich Nietzsche. Interessant, dass man ausgerechnet Nietzsche bemühen muss, welcher der Vergangenheit angehört (1844–1900), um der Zukunft einen Pflichtverteidiger an die Seite zu stellen. Nietzsche sprach in der Schrift »Vom Nutzen und Nachteil der Historie für das Leben« mehr vom Nachteil als vom Nutzen. Und schon er sah die »Altgier« auf dem Vormarsch, sah, wie sie die »Neugier« niederringen werde. Das war die Zeit des Historismus. »Man sammelt wieder Altes und nur Altes, statt der neuen Mode mit neuen Gegenständen kam die neueste mit alten Gegenständen«, schrieb Adalbert Stifter 1857 im »Nachsommer«. Aber erst heute erleben wir das in seiner ganzen Dramatik: den Abermals-Historismus, die Geschichte der Geschichte der Geschichte. Die Zukunft ist so was von gestern.

Man kann sich ausmalen, was in München, Hamburg oder Tübingen los wäre, wenn dort eines Tages ein Mensch wie Alexandre Gustave Eiffel auftauchen würde, um den Münchnern, Hamburgern oder Tübingern zu erzählen, was er sich so vorstellen könne – für die jeweilige Stadt.

Zum Beispiel: etwas Unfassbares zu bauen. Etwas Tollkühnes. Etwas Närrisches. Ungehöriges. Katastrophales. Entehrendes. Bösartiges. Hässliches. Gemeines. Frivoles. Etwas Nutzloses. Das vor allem: etwas so völlig Nutzloses wie zum Beispiel den Eiffelturm, der in Paris anlässlich der Weltausstellung und zur 100-Jahr-Feier der Revolution bis zum Jahr 1889 erbaut wurde. Ohne dass man wusste, wie teuer der Bau werden würde. Ohne dass man ahnte, wie lang es dauern würde. Ohne dass man Klarheit darüber hatte, ob der 300 Meter hohe Gigantismus aus Stahlstreben überhaupt stehen bleiben würde. Ohne dass die Pariser eine Idee davon hatten, was man mit diesem Bau eigentlich erreichen wollte.

Man muss sich Boris Palme, den Tübinger Oberbürgermeister, oder Winfried Kretschmann, den Ministerpräsidenten Baden-Württembergs, vorstellen, wie sie Eiffel empfangen, der eine Idee hat. Die Idee, den Himmel herauszufordern und etwas zu bauen, was man bislang nicht bauen konnte. »Warum«, würden Palme und Kretschmann fragen, »warum sollten wir so etwas bauen?«

»Weil man es bauen kann«, würde Eiffel vielleicht antworten. Und das Gespräch wäre beendet. Kretschmann und Palme hätten das sichere Gefühl, Unbill von ihren jeweiligen Gemeinden abgehalten zu haben, ganz wie die Dorfpfarrer, die das Böse mit Weihrauch verscheuchen.

Nicht dass es Eiffel im 19. Jahrhundert allzu leicht hatte. Als seine Pläne bekannt wurden, gab es einen Aufschrei. Und Proteste gab es auch, mehr als genug.

Ein Mann prozessierte gar gegen den französischen Staat und die Stadt Paris. Er wohnte am Champs de Mars, wo der Turm der 1710 Treppenstufen (und der acht neuartigen Otis-Aufzüge) stehen sollte. Der Mann hatte Angst, der Turm könne auf sein Haus fallen. Eiffel durfte den Bau dennoch beginnen – allerdings auf eigene Kosten. Die Angst war letztlich unbegründet: Als der Bau vollendet war, erwies sich das Werk nicht nur als standfest, auch die Organisation der Baustelle wurde als einzigartig gewürdigt.

Die Idee der Konstruktion selbst stammte übrigens von Eiffels Mitarbeitern Nougier und Koechlin. Eiffels Talent war die Realisierung. Er war ein Ermöglicher, ein Typ Mensch, ohne den es lediglich Evolution gäbe – aber kein Fortschreiten: nüchtern denkend und doch für das Phantastische offen, präzise und vorausschauend planend – und doch das unbekannte Terrain schätzend, ja suchend.

Der Turm war in allen Einzelheiten berechnet, sämtliche Details lagen als Pläne vor. 5300 Zeichnungen waren dazu erforderlich. »Die Präzision, die man in der Fertigung erreichte«, so die Architektin und Bauhistorikerin Ursula Muscheler, »war hoch. Erst in einer Höhe von 57 Metern musste das erste Nietloch geändert werden.«

Schon ein paar Jahre vor 1889, als der Eiffelturm vollendet wurde, planten die Ingenieure Clarke und Reeves für die Weltausstellung 1876 in Philadelphia einen Turm von 1000 Fuß Höhe. Sie beschrieben ihr

Projekt voller Enthusiasmus: »Wir wollen die ersten Nachkommen Noahs nachahmen. Die älteste der alten Nationen formte Ziegel und machte Mörtel und baute einen Turm zur Erinnerung an ihre Existenz. Wir, die jüngste der modernen Nationen, werden uns einen Turm aufstellen, um das erste volle Jahrhundert unserer Nation zu feiern. Neben ihrem Prototyp, dem Turm zu Babel, wird unsere graziöse Metallsäule, die ihre Spitze in 1000 Fuß Höhe erheben wird, einen frappierenden Kontrast bilden und deutlich machen, wie Wissenschaft und Kunst im Lauf der Jahrhunderte fortgeschritten sind.«

Der Fortschritt! Wissenschaft! Kunst! Unsere Nation! Und dann auch noch völlig ungeniert: Babel! Wer heute in Stuttgart die Begriffe Babel, Fortschritt und Nation zu Hilfe nähme, um den Bau etwa des Stuttgarter Untergrund-Bahnhofes zu begründen, der würde den ganz und gar alttestamentarischen Zorn eines Chors von Zweiflern, Bedenkenträgern und Besserwissern heraufbeschwören.

Doch zurück zum Eiffelturm. Dessen Raffinesse der Konstruktion, die unerhörte Präzision der Vorfertigung, die Choreographie der Baustelle, ja die ganze hier öffentlich und zum Staunen der Welt vorgeführte Kunst des Bauens: So etwas hatte es bis dahin noch nicht gegeben. Manche Zeitgenossen zeigten sich dennoch unbeeindruckt. Viele Intellektuelle und Künstler Frankreichs protestierten gegen das Vorhaben. Paris 20: Das war ein Vorgeschmack auf Stuttgart 21. Der

Bau galt den einen als Skandal, als Vermessenheit. Sogar als modernes Babel.

Am 14. Februar 1887 veröffentlichte »Le Temps« einen »Protest der Künstler«: »Wir Schriftsteller, Maler, Bildhauer, Architekten und leidenschaftliche Liebhaber der bisher unangetasteten Schönheit von Paris protestieren im Namen des verkannten französischen Geschmacks mit aller Kraft gegen die Errichtung des unnötigen und ungeheuerlichen Eiffelturms im Herzen unserer Hauptstadt, den die oft von gesundem Menschenverstand und Gerechtigkeitsgefühl inspirierte Spottlust der Volksseele schon den Turm zu Babel getauft hat. Wird die Stadt Paris sich wirklich den überspannten, den geschäftstüchtigen Phantastereien einer Maschinenkonstruktion anschließen, um sich für immer zu schänden und zu entehren? Denn zweifelt nicht daran, der Eiffelturm, den nicht einmal das kommerzielle Amerika für sich haben möchte, ist die Schande für Paris. Um zu begreifen, was wir kommen sehen, muß man sich einen Augenblick einen schwindelerregenden, lächerlichen Turm vorstellen, der wie ein riesiger, düsterer Fabrikschlot Paris überragt, muß sich vorstellen, wie alle unsere Monumente gedemütigt, alle unsere Bauten verkleinert werden, bis sie in diesem Albtraum verschwinden ...«

Eigentlich fehlt in dieser Tirade nur noch der Hinweis auf ausufernde Kosten, mangelnde Transparenz und die Frage der Nachhaltigkeit: Schon hat man das Vokabular zusammen, dessen man sich auch heute wieder im Zeichen des »Empört-euch«-Syndroms bedient. Da ist die Wut auf die Maschine als Ausdruck einer frühen Technikfeindlichkeit. Da ist der Hinweis auf den Kommerz als Abgrund allen Seins. Da ist das angeblich Demütigende, Entehrende – und schließlich die Angstphantasie, für lange Zeit unter dem Unerhörten leiden zu müssen. Der Kampf gegen den Eiffelturm erinnert in beinahe jeder Phase seiner Geschichte an Auseinandersetzungen wie jene um Stuttgart 21. Nicht aber der Bau hat sich am Ende als lächerlich herausgestellt, sondern der Protest gegen ihn.

Man stelle sich Paris ohne Eiffelturm vor. Man stelle sich Salzburg ohne seine Residenz und die Pracht der barocken Kirchen vor. Man stelle sich New York ohne die Brooklyn Bridge vor. Man stelle sich Sydney ohne sein Opernhaus vor. Und München ohne das Olympiastadion. Man stelle sich Rom vor ohne die triumphalen Plätze und Köln ohne den Wahnsinn der gotischen Kathedrale, die zum Zeitpunkt ihrer Errichtung der größte Raum der Menschheit war. Ein Turmbau zu Babel des Mittelalters.

In der Baugeschichte besitzt jede Epoche eine ihr innewohnende Neuerungssucht. Immer gab es die Überzeugung, dass man es besser könne: Die Barockkirchen überwanden die Gotik. Sie wollten schöner sein, besser, richtiger, ewiger. Die Gotik hatte die Romanik hinter sich gelassen. Und beide zusammen die Prinzipien der Antike. Das neue Bauen wollte immer neuer sein als das alte Bauen. Es ist ein Grundrecht einer jeden Generation, den ihr eigenen Ausdruck zu suchen – denn es ist auch die Grundpflicht einer jeden Generation, die ihr eigenen Probleme zu lösen.

Was die einen heute verdammen, verherrlichen vielleicht spätere Generationen. Das ist das Eiffelturmprinzip.

Wer heute die französische Hauptstadt besucht, der weiß, dass der lächerliche Turm, der riesige, düstere Fabrikschlot noch immer Paris überragt. Sehr zur Freude jener Nachfahren der Turmgegner des 19. Jahrhunderts, die angesichts neuer Bauvorhaben in Paris nicht müde werden, auf das gute alte Paris hinzuweisen, unter anderem auf jenes einzigartige Panorama, das man dem Eiffelturm zu verdanken habe. Wann immer in Paris ein Büroturm geplant wird, protestieren die neuen Wutbürger, um ihr altes Stadtbild zu verteidigen. Also jenes Stadtbild, das ein paar Jahrzehnte zuvor als Schändung und Entehrung galt.

Die gleiche Geschichte ließe sich über das Maximilianeum in München erzählen. Oder über St. Paul in London.

Wer die Geschichte des Protestes gegen bedeutende Bauvorhaben kennt, der weiß, dass zwischen Schande und Verteidigung der Schande oft nur ein paar Jahre und ein paar Überzeugungen liegen. Manchmal auch nur Worte.

Eiffel hieß übrigens gar nicht Eiffel, sondern Bönickhausen. Der Name verdankt sich der Familie des Vaters, die im 18. Jahrhundert aus der Nordeifel nach

Frankreich gezogen war (heute mit einem »f« geschrieben, früher jedoch als »Nordeiffel« bekannt). Aber weil die Franzosen Probleme mit dem »Ö« hatten, nannte sich Bönickhausen einfach Eiffel. Er war eher ein Mann der Tat als des Wortes, der Buchstaben oder des »Ö«.

Eiffel also, ein Mann, der 1832 in Dijon geboren wurde (und 1923 im Alter von 91 Jahren in Paris gestorben ist), ein Mann, der im Stil seiner Zeit einen virilen Vollbart trug, dazu den üblichen Gehrock, die übliche Uhrenkette. Der sein Ingenieursstudium mit mäßigem Erfolg abgeschlossen hatte – was ihn nicht daran hinderte, ausgesprochen selbstbewusst aufzutreten. Gewaltige Brücken hat er gebaut. Im Schienenverkehr sah er etwas Zukünftiges, etwas Kommendes. Die wenigen Bilder, die es von ihm gibt, zeigen ihn bisweilen in herrischer Pose. Oft sind die Augen ein wenig geschlossen, was ihm einen träumerischen, sinnierenden Ausdruck verleiht. Die Biographen schildern ihn jedoch als unternehmerischen, draufgängerischen Menschen, auch als jemand, der es gewohnt ist, sich durchzusetzen.

Er ist die Figur des Ingenieurs, des Machers und des Realisten, ohne den es die Moderne nicht gegeben hätte. Aber noch eine weitere Figur stand an deren Wiege: jene des Künstlers, des Träumers und des Visionärs.

Für diese Figur, den Poeten und Utopisten, steht zum Beispiel ein Mann wie der Dichter Filippo Tommaso Marinetti. Von ihm stammt das »Futuristische

Manifest«. Am 20. Februar 1909 wurde es auf der Titelseite von »Le Figaro« veröffentlicht. Darin preist er die Ästhetik der Maschine, fabuliert, dass ein moderner Rennwagen schöner sei als die »Nike von Samothrake«. Das ist jene griechische Statue der Siegesgöttin Nike, die mehr als zweitausend Jahre vor dem Futuristischen Manifest entstand. Marinetti ließ sich auch zu der Vorhersage hinreißen, wonach sich dereinst die toten Hunde »wie Hemdkrägen unter dem Bügeleisen« biegen würden, wenn die Räder der Rennautos über sie hinwegrollen würden.

Marinetti war ein verwöhntes Bürschchen mit faschistoiden Ansichten. Über nichts kann man sich so lustig machen wie über sein Futuristisches Manifest, dessen Menschenbild erbärmlich ist. Die Technikberauschtheit, die darin zum Ausdruck kommt, müsste man aus dem Verkehr ziehen, so besoffen und fahrlässig erscheint sie dem nüchternen Leser.

Aber das Futuristische Manifest ist auch Ausdruck eines großen Gestaltungswillens. Wenn man die Arroganz und Provokation darin beiseitelässt, liest es sich stellenweise wie der Bauplan einer besseren und heileren Welt. Von Adolf Loos kennt man den Satz, wonach jede Veränderung, die keine Verbesserung sei, eine Verschlechterung darstelle. Der Satz ist 100 Jahre alt und somit ein früher Versuch, so etwas wie »Nachhaltigkeit« aufzuzeigen. Den Wutbürgern von heute müsste der Satz sehr gefallen – stammte er nicht von einem Architekten, dessen Verachtung für alles Historische legendär war. Aber Marinetti denkt weiter als Loos. Er begreift, dass die Veränderung unaufhaltsam ist, dass sie das Urprinzip des Lebens darstellt. Weshalb man verändern kann – oder aber verändert wird.

Im Jahr 2009, zum 100. Geburtstag des Futuristischen Manifestes und mehr als einhundert Jahre nach dem spektakulären Streit um den Bau des Eiffelturms, kann man nur noch den Tod des Futurismus feststellen. In den Feuilletons überboten sich die Feuilletonisten zum Jahrestag damit, das Futuristische Manifest als lächerlich und obsolet zu beschreiben. Ebenso erinnert man sich nur noch mit Schaudern an die Thesen eines Walter Gropius und seiner Bauhaus-»Sekte« (Thomas Steinfeld), die das »Neue« einforderten. Den »Aufbruch«, den »Neubeginn«.

Besonders charmant, klug und äußerst bösartig hat sich vor dreißig Jahren Tom Wolfe über das Bauhaus lustig gemacht. In »From Bauhaus to Our House« (1981) beschreibt er das Lächerliche am Willen, Neues zu schaffen um des Neuen wegen. Er vergisst nur, dass so auch die Tempel der Antike entstanden sind, die Fachwerkhäuser des Mittelalters und die Museen des Klassizismus. Wolfe feiert den Historismus und beschwört jenes »raunende Imperfekt der Geschichte«, in das schon Thomas Mann sehr verliebt war. Aber Wolfe ist nicht in der Lage zu begreifen, dass alle Historie einmal als Neues zur Welt gekommen ist.

Als vor einigen Jahrzehnten der Satz »Die Moderne ist tot« fiel (Charles Jencks), gab es allgemeinen Beifall: Das Jahrhundert der Modernemüdigkeit und des Überdrusses an futuristischen Versprechungen deutete sich zum Ausklang des 20. Jahrhunderts an, um heute, am Beginn des dritten Jahrtausends vollendet zu werden. Was immer neu sein möchte, wird als alt bezeichnet. Der Fortschrittsglaube gilt als rückständig. Das Traditionelle aber, das Beharren und Erinnern, gilt als Gebot der Stunde, welche die Stunde der Nachhaltigkeit ist – und nichts so verabscheut wie das Bestreben, Dinge zu entsorgen.

Es ist bestimmt sinnvoll und nachhaltig, sich nicht alle vier Monate einen neuen Computer, DVD-Player oder Eierkocher zu kaufen. Es ist aber noch sinnvoller und letztlich nachhaltiger, über bessere Computer, DVD-Player und Eierkocher nachzudenken. Das eine betrifft das Verhalten, das andere betrifft das Denken. Eine Gesellschaft, die das Zukünftige so schmäht, dass sie es nicht einmal mehr denken will, ist nicht nachhaltig.

Richtig ist, dass nicht jede Veränderung eine Verbesserung darstellt. Falsch am Furor gegen den Zukunftsglauben ist die Vermutung, man könne den Lauf der Dinge aufhalten, verharren, aussitzen. Zu glauben, es könne ein Leben geben, das sich nicht vordringlich mit der Frage nach morgen und übermorgen beschäftigt, ist noch viel bizarrer als alles, was im Futuristischen Manifest steht. Es ist verrückter als die Vorstellung, einen dreihundert Meter hohen Turm zu erbauen, der nur aus Stahl und Kühnheit besteht.

Es ist die Zukunft, sagt Nietzsche, »die unserem Heute die Regel gibt«.

Die Moderne hat aberwitzige Träumereien hervorgebracht. Ein russischer Ingenieur wollte einen Aufzug ins Weltall bauen. Ein Münchner Ingenieur wollte das Mittelmeer austrocknen, um einen neuen Kontinent (»Atlantropa«) zu schaffen. Und aktuell möchte ein amerikanischer Ingenieur eine unterseeische Magnetschwebebahn quer durch den Atlantik legen, um von New York aus innerhalb einer Stunde London zu erreichen.

Geoingenieure überlegen, wie man das Klima manipulieren könnte, um dem Klimawandel etwas entgegenzusetzen. Stadtingenieure überlegen, wie man Metropolen für fünfzig oder sechzig Millionen Menschen baut. Schiffsingenieure statten riesige Containerschiffe mit gewaltigen Segeln aus. All das lässt sich im Gestus des Lächerlichen beschreiben. Man setzt das »Ende der Mobilität« dagegen und wählt einen schwäbischen Ministerpräsidenten, der Autos für überkommene Konstrukte hält. Dabei müsste es darum gehen, die Konstrukte aus der Vergangenheit für die Zukunft zu verändern.

Das ist etwas anderes, als einfach nur dagegen zu sein.

Man beklagt die Megacitys und abonniert die Zeitschrift »Landlust«. Man beschimpft die Forschung, die Technik und all das, was man so satt hat an Zukunftsversprechungen – und übersieht dabei eines: Die Zukunft findet statt. Wir können sie gestalten. Oder wir lassen uns von ihr überrollen.

7. Woher die Antimoderne kommt

Nur etwa zwei Prozent aller Computer sind sichtbar im Alltag, sei es als PC oder als iPhone. Die meisten Rechner arbeiten gewissermaßen im Verborgenen, wir bemerken sie gar nicht. Allerdings kann man sich fragen, warum ein Auto, zum Beispiel der sympathische Fiat-Kleinwagen »Panda«, bis zum Jahr 2003 maximal 810 Kilogramm gewogen hat – und warum er jetzt in der aktuellen Serie trotz modernerer und leichterer Materialien stattliche 1165 Kilogramm wiegt. Der Panda hat in nicht einmal einem Jahrzehnt 355 Kilo zugelegt. Wie konnte das geschehen? Fettsucht? Falsche Ernährung, zu wenig Sport, Kummerspeck?

Wenn ein Kleinwagen heute so viel wiegt wie ein Oberklassewagen der 1970er-Jahre, dann liegt das zum einen an den aufwendigeren Sicherheitsmaßnahmen – aber vor allem auch an den vielen unsichtbaren Helferlein, an den Minicomputern und Minielektromotoren, die uns das Leben bequemer und leichter machen sollen. Offenbar muss es dazu, zumindest im Reich der Automobilität, erst mal schwerer werden. Wer heute ein Auto kauft und sich im Bereich »Komfort« nicht lumpen lässt, der sollte sich gleich einen kleinen Bus anschaffen. Man braucht Platz für die vielen »Assistenten«. Zum Beispiel für den adaptiven

Fernlicht-Assistenten, für den aktiven Totwinkel-Assistenten, für den Spurhalte-Assistenten, für die Einparkhilfe, den Abstandsregeltempomat – oder auch für den Nachtlicht-Assistenten »plus«. All diese kleinen Computer machen aus einem normalen Auto ein Superhirn – und zwar ein entsprechend schweres Superhirn.

Als die rumänische Renault-Tochter »Dacia« vor einigen Jahren ein extrem billiges Auto auf den Markt brachte, kamen viele interessierte Käufer von ihren Probefahrten irritiert zurück. Offenbar war es schwer, sich vorzustellen, dass es eine Zeit vor all den Elektrohelfern gegeben hat.

Wie es auch eine Zeit vor dem »intelligenten Wohnen« gegeben hat. Damals wohnte man noch in Wohnungen oder in Häusern, also noch nicht im »eHome«, im »Smart House« oder im »Intelligenten Haus«. War eine harte Zeit damals. Die Kühlschränke konnten noch nicht aufs Handy melden, dass die Milch alle ist – und man musste auch noch die Fenster zum Lüften selber öffnen. Mittlerweile gibt es jedoch Fenster, die sich von Hand gar nicht mehr öffnen oder schließen lassen. Die Hausautomation ist in vollem Gang. In der Welt des Wohnens ist gerade das zu erleben, was im Reich des Autos schon selbstverständlich ist. Längst gibt es Taxifahrer, die dem Fahrgastwunsch, nämlich zum Beispiel in München zur Leopoldstraße gebracht zu werden (oder in Berlin zur Friedrichstraße oder in Hamburg zur Elbchaussee), mit Hilfe des »Navi« entsprechen. Die satellitengestützte Navigation genießt ihr Vertrauen, während sie dem eigenen Orientierungssinn zutiefst misstrauen.

Nur: Manchmal machen die Maschinen, was sie wollen. Das musste auch jener Mann erleben, der an einem besonders heißen Tag sein Auto auf abschüssiger Strecke vor der Tiefgarage parkte, um das Tor zu öffnen. Leider verfügte sein Auto sowohl über eine »intelligente Handbremse« als auch über eine »intelligente Klimaautomatik«. Und leider plauderten die beiden Intelligenzen miteinander. Das ist das Neueste: Es gibt nicht nur immer mehr Technik in unserem Alltag, immer mehr Elektronik und immer mehr Automatik, sondern die Rechner, die all dies steuern und koordinieren, fangen auch an, miteinander zu »interagieren«. In diesem Fall musste ein Auto dran glauben. Es ist nämlich so, dass sich die intelligente Handbremse automatisch dann löst, wenn sich die Motordrehzahl erhöht. Und leider ist es auch so, dass die Motordrehzahl auf Befehl der intelligenten Klimaanlage erhöht wird, sobald es zu heiß im Wagen wird.

Was geschah also? Unser Mann parkte sein Auto, zog die Handbremse, ließ den Motor laufen und stieg aus, um sich um das Tiefgaragentor zu kümmern. Durch die offene Wagentür gelangte warme Luft ins zuvor gekühlte Innere, wodurch sich die Motordrehzahl erhöhte … wodurch sich die Handbremse löste. Ungläubig sah der Mann zu, wie sein Auto auf ihn und die Tiefgarage zuraste. Alles automatisch. Der Mann rettete sich durch einen Sprung zur Seite.

Je mehr Technik sich in unserem Leben breitmacht, desto mehr Geschichten erzählt man sich über das Versagen ebendieser Technik. In dem Maße, in dem intelligente Handbremsen und ans Internet angeschlossene Kühlschränke auf dem Vormarsch sind, greift auch die Technikkritik in gleicher Weise um sich.

Der Disney-Film »WALL.E – Der Letzte räumt die Erde auf« bringt diese Kritik auf den Punkt. Nicht zufällig handelt es sich um einen Kinderfilm, denn die zum Teil recht billig begründete Technikkritik von heute fürchtet vor allem eines: Komplexität. WALL.E ist übrigens ein liebenswerter Müllroboter, der in einer fernen Zukunft die Erde, die durch Vermüllung unbewohnbar geworden ist, aufräumen soll. Die Menschen leben während dieser Aufräumarbeiten weit entfernt von der Erde in einem gigantischen Raumschiff und können sich, feist und fett wie Pummel-Frettchen, kaum mehr bewegen – da alle Arbeit von Maschinen erledigt wird. Nun geschieht, arg verkürzt wiedergegeben, Folgendes: WALL.E findet ein allerletztes Pflänzchen, er verliebt sich in eine zauberhafte, leicht esoterisch angehauchte Roboterin – und bringt die Raumschiff-Bewohner dazu, der Technik abzuschwören, um fortan im Einklang mit der Natur auf der revitalisierten Erde zu leben.

Der österreichische Künstler Friedensreich Hundertwasser, der einst befand, dass der (in der Technikgeschichte der Moderne sehr beliebte) rechte Winkel schuld sei am Unglück der Menschheit, hätte sich diesen Plot nicht besser ausdenken können. Der Antagonismus ist klar, einfach und klischeehaft: hier die böse Technik (WALL.E als ambivalenter Charakter einmal ausgenommen), dort die Liebe und die Natur. Dazwischen müssen sich die Menschen entscheiden. Glück bedeutet das eine, Unglück das andere. Solche Technikkritik entspricht der Schlager-Poesie, wie sie auch schon vom Blödel-Duo »Schobert und Black« vor vierzig Jahren formuliert wurde: »Nun mit einer Zange die Kontermutter (K) bis zum Anschlag des Gewindes (G) gedreht / so dass jetzt der Zapfen der Flügelmutter dem Exzenter (Alpha) gegenübersteht«.

Die Zeitungen und Magazine sind voll von lustig gemeinten Kolumnen oder Geschichten über Menschen, die am Aufbau eines Ikea-Regals scheitern. Oder über Menschen, die vom Navi in die Irre geleitet werden. Oder über Menschen, die von ihrem PC diesen Hinweis erhalten und daran zerbrechen: »Der Prozedureinstiegspunkt DirectDrawEnumerateEXA konnte in der Dynamic Link Library DDRaw.dll nicht gefunden werden.« Illustriert werden solche Artikel, die sich einer begeisterten Leserschaft sicher sein können, oft mit ratlos dreinschauenden Technikern vor einem gigantischen Kabelsalat. Der Satz »Ich bin ja technisch total unbegabt« hat Konjunktur.

Tatsächlich kann man sich fragen, warum der Begriff der Technik, der sich aus dem Altgriechischen ableitet und einst auf die Harmonisierung von Kunst und handwerklichem Geschick zur Kunstfertigkeit zielte, in einem langen Jahrhundert der Moderne so an Glanz verloren hat.

Eine mögliche Antwort liegt im Innovationsterror der Ökonomie. In einem in der »Süddeutschen Zeitung« veröffentlichten Aufsatz heißt es in diesem Zusammenhang: »Die Ingenieure müssen ran, weil die Kollegen aus dem Marketing immer auf der Suche sind nach etwas Neuem, das sie den Kunden als nützlich verkaufen können.« Und weiter: »Das Auto ist schon erfunden, hat vier Räder, Bremsen, einen Motor, Lenkrad. Der Rest ist Innovation.« Das Wort Innovation wirkt in diesem Artikel, als bekäme man davon ein unangenehmes Hautjucken. Allerdings ließe sich einwenden, dass auch der Sicherheitsgurt einst, in den siebziger Jahren, als unangebrachte Innovation wahrgenommen wurde. Und lange Zeit galten auch Hybridmotor, Elektroauto oder Start-Stopp-Automatik als sinnfreie Spielereien. Innovationen, technische Neuerungen, Erfindungen: Sie unterliegen nicht nur den Wirtschaftskreisläufen, sondern auch der gesellschaftlichen Evolution und setzen sich durch – oder auch nicht. Es ist eine Art »Versuch und Irrtum«, ohne den es keine Weiterentwicklung gäbe. Pauschal auf die Technik zu schimpfen: Das ist zwar beliebt – aber auch ziemlich ignorant.

Eine zweite mögliche Antwort bietet die Angst. In seinem Aufsatz »Strahlung als Metapher« (2004) schreibt Andreas Bernard: »Die Geschichte moderner Verkehrs- und Kommunikationsmittel ist von einer

verlässlichen Konstante durchzogen: In ihren Anfangs-
jahren gelten die Apparaturen stets als gesundheitsschädlich.« Man erinnert sich an Mutmaßungen aus
der Pionierzeit der Eisenbahn, denen zufolge es kaum
möglich sei, ein höheres Tempo als 30 km/h ohne ge-
sundheitliche Schäden zu überstehen. Etwas später, die
ersten Automobile wurden beargwöhnt, warnte man
junge Damen vor einer Fahrt im Auto, denn infolge
der ständigen Wackelei käme es häufig zu Ohnmachts-
anfällen. Auch die sittliche Enthemmung sei eine große
Gefahr.

Zuletzt war auch zu hören, dass Handys krank machen. Oder ganz allgemein: Elektrosmog. Wen wundert es da, dass das Geschäft mit Schutzvorkehrungen
gegen Elektrosmog heute im Einfamilienhausbau auf
Hochtouren läuft.

Richtig ist, dass moderne Technologie sich immer
wieder nicht nur als Segen, sondern auch als Gesund-
heitsrisiko herausgestellt hat. Die Erfindung der Eisenbahn war zugleich die Geburtsstunde des Eisen-
bahnunglücks. Und die Erfindung des Flugzeugs war
zugleich die Geburtsstunde der Flugzeugkatastrophen.
Längst weiß man, dass Technologie in jeder Form
höchst ambivalent ist. Der Nutzen ist das eine – das
Risiko das andere. »Die Technik« kann sowohl pro-
duktiv als auch destruktiv sein. Die Wissenschaftshis-
toriker Harry Collins und Trevor Pinch sprechen deshalb vom »Golem« der Technik: »Er tut, was man
ihm sagt, nimmt seinem Herrn lästige Arbeit ab und

beschützt ihn gegen den immer drohenden Feind. Allerdings, er ist auch schwerfällig und gefährlich. Wenn er nicht aufmerksam überwacht wird, kann der Golem seinen Herrn mit seiner wilden Kraft vernichten.«

Die Katastrophe von Fukushima hat einmal mehr an diese Einsicht erinnert. Titanic, Hindenburg, Challenger, Concorde: Das sind weitere Namen, die untrennbar mit der Geschichte der Technik als einer Geschichte der Katastrophen verbunden sind. Aber daneben gibt es das Rad, die Dampfmaschine, die Glühbirne, das Telefon, das Auto, die Raumfahrt, den Computer, die von einer Geschichte epochaler Errungenschaften künden. Das bedeutet aber: Ob er will oder nicht, der Mensch kann sich der Ambivalenz der Technik nicht entziehen. Die Moderne als Ära des technischen Fortschritts war deshalb immer auch die Epoche der Technikkritik. Aber auch wenn sich immer wieder in der Vergangenheit Gesellschaften zusammenfanden, die das große »Zurück zur Natur« leben wollten, so war doch keiner der unzähligen Versuche, in einer technologiefreien Zone zu leben, am Ende, geschweige denn auf Dauer, je erfolgreich.

Die dritte Möglichkeit einer Antwort auf die Frage, warum das frühere Faszinosum »Technik« so sehr an Glanz und Überzeugungskraft verloren hat, liegt in der überalterten Gesellschaft. Neue Technik geht nur einher mit neuem Wissen. Technik fordert. Das lebenslange Lernen ist auf keinem anderen gesellschaftlichen

Feld so unerlässlich wie auf diesem. Deshalb steht man neuen Technologien, die immer öfter auch mit neuen Kulturtechniken einhergehen, in einer mehr und mehr überalterten Gesellschaft zunehmend skeptisch gegenüber. Technik ist anstrengend, man muss sich ändern, anpassen. Und wenn man das nicht leisten kann oder mag, beschwört man entweder die Komik herauf – wie der Schauspieler Jacques Tati in dem herrlich absurden Film »Trafic«, der die Segnungen der modernen mobilen Welt auf großartige Weise verspottet. Oder wenn man nicht über sich und seine Zeit lachen kann, dann bleibt neben der Komödie immer noch die Apokalypse. Zuletzt etwa in Form einer »Bild«-Schlagzeile (vom 12. August 2011), die von der »Sex-Falle Facebook« handelte. Erst wenige Wochen zuvor wurde noch die »Todesfalle Facebook« vom gleichen Zentralorgan der Angst bemüht. Die digitalen Medien werden in Deutschland nicht als technologische Revolution empfunden, sondern als Falle.

Dabei besteht die Falle stattdessen gerade darin, eine völlig berechtigte Technik-Skepsis zum irrationalen Technik-Hass degenerieren zu lassen. Neue Technologien oder Kulturtechniken sind weder per se gut – noch schlecht. Sie sind schlicht Teil evolutionärer Prozesse. Sie müssen sich behaupten. Sie müssen sich aber auch behaupten können.

8. Das neue Utopia

In dem uns bekannten Universum gibt es nichts, was tatsächlich statischer Natur wäre. Es gibt nur unablässigen Wandel, Veränderung, Entwicklung und Dynamik. Ob wir es wollen oder nicht: Wir leben in einer Welt, die nie etwas anderes war, ist und sein kann als eben reiner Fortschritt, nicht in einem technischen, sondern rein zeitlichen, somit natürlichen Sinn der Evolution.

Relevant in einer solchen Welt ist das Morgen. Kaum zu glauben, dass der Begriff »Zukunft« in dieser Welt an Wert verlieren konnte. Und doch ist es so. Aller Vernunft zum Trotz – und auch keinesfalls im Einklang mit dem, was wir Natur nennen.

Aber wenn wir eines hoffen dürfen, dann dies: dass wir morgen auch noch leben werden. Wut und Gestrigkeit, Angst, Misstrauen und Empörung, der Hass auf den Fortschritt, der allgegenwärtige Kitsch der Nostalgie und die Beschwörung des raunenden Imperfekts der Geschichte: Nichts davon hilft uns und unseren Kindern dabei, das Morgen zu erreichen. Das aber war nie so schwer wie heute. Die Herausforderungen waren noch nie so groß, so global und so drängend. Der Wandel jedoch ist da, die Ökologie triumphiert endlich über blinden Fortschrittsglauben und eine Ökonomie sinnloser Raserei. Zu danken ist das aber, auch wenn das auf den ersten Blick paradox anmuten mag, nicht etwa der Wut oder dem Biedersinn des neuen Konservativismus, sondern allein dem Mut und dem Sinn für das Neue.

Wenn man sich daher über eines empören sollte, dann über die Empörung; wenn man Wut haben sollte auf eines, dann auf die Wut.

Was wir wirklich brauchen in einer Zeit der gewaltig vor uns aufragenden politischen, sozialen, ökonomischen und vor allem ökologischen Problemgebirge am Beginn dieses Jahrtausends: eine neue Zukunftslust, ein Gestaltenwollen, ein Problemlösen. Wir brauchen einen neuen Utopismus, eine neue Moderne.

Seit Thomas Morus Anfang des 16. Jahrhunderts seinen Zukunftsroman »Utopia« veröffentlicht hat, sind fast genau 500 Jahre vergangen. Die Utopie, wörtlich: die »Nicht-Örtlichkeit«, ist als Traum einer besseren, ja idealen Welt seither auf den Index geraten. Es ist wie mit der Theodizee, der Rechtfertigung der Allmacht und Güte Gottes angesichts einer von Leid und Katastrophen heimgesuchten Welt: Wie soll man angesichts all der gescheiterten Utopien der gesamten Neuzeit noch an den Entwurf einer idealen Welt glauben?

Die Finanzmärkte dominieren die Politik, und die Technologie beherrscht uns alle: Es ist kein Wunder, dass nach einem Jahrhundert der Moderne, der Technologie und des Tempos nun das Pendel zurückschwingt – hin zu Stillstand, Technikfeindschaft und

Antimoderne, hin zu einem grundsätzlichen Skeptizismus.

Wenn man sich diesen nur leisten könnte. Wenn man doch nur die Muße hätte, sich auf das Biedermeiersofa zurückzuziehen, um von dort aus noch einmal gründlich über alles nachzudenken. Wie es sich eben geziemt für einen, sagen wir, älteren Menschen, der begreift, dass er Fehler gemacht hat. Nun, bedächtig, erfahren, verantwortungsbewusst will er abwägen: Braucht er einen Bahnhof oder einen Flughafen? Braucht er Facebook? Will er wirklich noch wissen, was nach E-Mail und Twitter kommt? Soll er sich anstrengen, um weiterhin »modern« zu sein? Und hat dieser Begriff noch irgendeine Bedeutung außerhalb der verlogenen Marketingwelt? Hat die Welt immer noch nicht gelernt, dass »schneller, weiter, höher« nur in den Abgrund führt?

Doch, man kann einen solchen Menschen durchaus verstehen. Man begreift, warum er sich verweigert, empört, keine Lust mehr hat und den Fortschritt für beendet erklärt. Nur: Für ihn reichen die Ressourcen noch, die gesellschaftlichen, ökonomischen und politischen Systeme werden noch ein paar Jahre stabil genug sein, um ihn zu tragen, um ihm einen Lebensabend voller Gewohnheiten, Traditionen und Sicherheiten zu garantieren. Und der Rest geht leer aus – was kümmert es ihn.

Was kümmern uns die, die nach uns kommen?

Wer heute elf Jahre alt ist, lebt seit seiner Geburt im

»Anthropozän«. Der Nobelpreisträger und Atmosphärenchemiker Paul J. Crutzen prägte diesen Begriff im Jahr 2000. Gemeint ist damit jenes Erdzeitalter, in dem menschliche Aktivitäten unsere Umwelt so sehr verändern können, wie das zuvor nur natürliche Einflüsse vermochten. Seit etwa 200 Jahren, also seit Beginn der Industrialisierung, die in der Moderne ihren gesamtgesellschaftlichen Ausdruck fand, ist der Mensch sozusagen endgültig an der Macht.

Die Weltbevölkerung ist gewachsen, Mitte des Jahres 2011 wurde eine Milliarden-Grenze überschritten. Sieben Milliarden Menschen sind es jetzt, die einen großen Bedarf haben: Sie brauchen Flächen für Städte und Straßen, sie brauchen Rohstoffe zur Fortbewegung und zum Bau der Infrastruktur, sie benötigen Energie, Wasser und Nahrung. Sie alle wollen leben. Und deshalb gestaltet der anthropozäne, moderne Mensch seine Umwelt nach Gutdünken. Menschen sind für das Ökosystem deshalb unter Umständen verheerend. Überfischung, Artenschwund, Klimawandel … Die Folgen sind bekannt.

Mit den Worten von Hans Joachim Schellnhuber, Direktor des Potsdam-Instituts für Klimafolgenforschung: »Wir steuern frontal auf die Brandmauern des planetarischen Systems zu.«

Die Bilanz der Moderne, die den anthropozänen Menschen erst hervorgebracht hat, ist aus dieser Sicht ein einziges Fiasko. Es ist der moderne Mensch in seinem fossilnuklearen Zeitalter, der erstmals die Möglichkeit besitzt, die Erde zu vernichten. Er kann sie aber auch vor sich selbst retten. Das vielleicht wichtigste deutsche Buch, in dem die Zukunft des Anthropozäns verhandelt wird, hat der Wissenschaftsjournalist Christian Schwägerl geschrieben: »Menschenzeit. Zerstören oder gestalten? Die entscheidende Epoche unseres Planeten«. Darin heißt es: »Der Mensch verhält sich auf der Erde wie ein außerirdischer Eroberer. Deshalb ist eine kulturelle Heimkehr nötig. Es geht aber nicht um ein Zurück in eine angeblich gute, alte Zeit. Es geht darum, eine sehr lange Zukunft vorzubereiten. Nicht die Angst vor dem Untergang sollte das Handeln leiten, sondern das Ziel einer globalen Regeneration. Im Anthropozän von morgen kann es eine Wirtschaft geben, die Naturwerte in ihren Bilanzen führt, eine Technologie, die mit der Biosphäre verschmilzt, eine Zivilisation, die Klima und Lebensräume gezielt beeinflusst.« Das ist das Entscheidende an Schwägerls fulminantem Buch: Es empört sich nicht. Es hat keine Angst. Es sagt nicht: Stopp! Es denkt gar nicht ans Weltende und an Stillstand – es endet so: »Der Weltaufgang hat erst begonnen.«

Zu diesem Weltaufgang – eine großartige Wortschöpfung für sich – benötigt die Welt aber nicht nur die Einsicht in die Fehler der Moderne, sondern auch das Kernelement der Moderne selbst: Veränderungswillen, Gestaltungskraft, Zuversicht, Utopismus. Letztlich: Optimismus.

Einer der großen Optimisten unserer Zeit ist der

britische Wissenschaftsjournalist Matt Ridley, der den Begriff des rationalen Optimismus erfunden hat: »Als ich in den siebziger Jahren hier in Oxford studierte«, sagte er 2010 in einem Vortrag ebendort, »war es um die Zukunft der Welt nicht gut bestellt. Die Bevölkerungsexplosion war nicht aufzuhalten. Globale Hungersnot schien unvermeidlich. Eine Krebsepidemie durch Umweltgifte schien unsere Lebenserwartung zu reduzieren. Saurer Regen entlaubte unsere Wälder. Die Wüste breitete sich mit einer Geschwindigkeit von zwei Meilen pro Jahr aus. Das Öl wurde knapp. Ein nuklearer Winter würde uns den Garaus bereiten. Nichts davon trat ein. Erstaunlicherweise haben sich die Dinge alleine während meines Lebens zum Besseren gewendet. Das globale Durchschnittseinkommen hat sich pro Kopf verdreifacht. Die Lebenserwartung ist um dreißig Prozent gestiegen. Die Kindersterblichkeit ist um zwei Drittel gesunken. Die Lebensmittelproduktion ist pro Kopf um ein Drittel gestiegen. Und all das, während sich die Weltbevölkerung verdoppelt hat.«

Zum Wesen der Moderne gehört es, Lösungen zu suchen. Zum Wesen der postmodernen Gegenwarts-Apokalyptik gehört es dagegen, Probleme zu benennen. Was wir aber statt der Apokalyptik brauchen, das ist eine zweite Moderne. Nicht in Form eines unbedingten Fortschritt-Glaubens, sondern als psychologische Gestimmtheit, die etwas Wichtiges aus der Ära der Moderne herüberrettet. Vor allem dieses große, überwältigende und einigende »Wollen«. Dieses gewaltige Dafürsein.

Die Wutgesellschaft, die sich heute in Deutschland an so vielen Orten und aufgrund so unterschiedlicher Projekte mit so unterschiedlichen Mitteln und Maßgaben konstituiert hat, ist vielleicht der letzte große Pendelausschlag gegen die Moderne. Im besten Fall ist sie ein Korrektiv. Im schlimmsten Fall hat sie enorm viel Zeit gekostet.

An die Stelle der Wutgesellschaft wird nun eine Generation treten, die aus den Fehlern des 20. Jahrhunderts gelernt hat, um das 21. Jahrhundert zu gestalten. Ihr Ziel ist ein neues Utopia für die neue Menschenzeit. »Die Erde der Zukunft«, schreibt Schwägerl, »erwächst aus Gedanken, Emotionen, Fähigkeiten und Träumen heraus.« Und William Gibson sagt: »Die Zukunft ist heute. Sie ist nur noch nicht gleichmäßig verteilt.«

Die Zukunft ist die Währung unserer Welt. Sogar die selbstgefällige Rückwärtsgewandtheit der Wutbürger werden wir damit bezahlen. Aber dann geht es auch schon weiter. Immer weiter.

So muss es auch sein. Denn wenn wir auch nur einen Funken Verantwortungsbewusstsein haben, dann kümmern uns die, die nach uns kommen.

Um die ganze Welt des
GOLDMANN-*Sachbuch*-Programms
kennenzulernen, besuchen Sie uns doch
im Internet unter:

www.goldmann-verlag.de

Dort können Sie
nach weiteren interessanten Büchern *stöbern*,
Näheres über unsere *Autoren* erfahren,
in *Leseproben* blättern, alle *Termine* zu Lesungen und
Events finden und den *Newsletter* mit interessanten
Neuigkeiten, Gewinnspielen etc. abonnieren.

Ein *Gesamtverzeichnis* aller Goldmann Bücher finden
Sie dort ebenfalls.

Sehen Sie sich auch unsere *Videos* auf YouTube an und
werden Sie ein *Facebook*-Fan des Goldmann Verlags!

www.goldmann-verlag.de
www.facebook.com/goldmannverlag